Mikrobølgeovn Magi

Opdag de utrolige muligheder i din mikrobølgeovn

Emma Mikkelsen

Indholdsfortegnelse

græske svampe 16

Artiskokker vinaigrette 17

Cæsar salat 18

Hollandsk cikorie med æg og smør 19

Æggemayonnaise 20

Æg med Skordalia Mayonnaise 21

Scotch Woodcock 22

Ostefondue 22

Fondue med cider 23

Fondue med æblejuice 24

Pink Fondue 24

Røgfyldt fondue 24

Tysk ølfondue 25

Fondue med ild 25

Karryfondue 25

Fonduta 25

Mock ost og tomatfondue 26

Mock oste- og sellerifondue 26

Italiensk ost, fløde og ægfondue 27

Hollandsk Bondegård Fondue 28

Bondegårdsfondue med et spark 29

Bagt æg Flamenco stil 30

Brød og smør ost og persille budding 31

Brød og smør ost og persille budding med cashewnødder 32

Fire-oste brød og smør budding 33

Ost og æggeknækker 33

Ost og tomatpudding på hovedet 34

Pizza Crumpets 35

Ingefær havaborre med løg 37

Ørredpakker 38

Skinnende havtaske med slanke bønner 39

Skinnende rejer med Mangetout 40

Normandiet Torsk med Cider og Calvados 41

Fisk Paella 43

Soused Sild 44

Moules Marinières 45

Makrel med Rabarber og Rosin Sauce 47

Sild med æblecider sauce 49

Karper i gelésauce 49

Rollmops med abrikoser 50

Pocheret Kipper 51

Madras rejer 52

Martini rødspætte ruller med sauce 53

Skaldyr Ragout med valnødder 55

Torsk Hot-pot 57

Røget Torsk Hot-pot 58

Havtaske i gylden citronflødesauce 59

Sål i gylden citronflødesauce 61

Laks hollandaise 61

Lakse Hollandaise med koriander 62

Lakse Mayonnaise flage 63

Laksesteg i middelhavsstil 64

Kedgeree med karry 65

Kedgeree med røget laks 66

Røget fiskequiche 67

Louisiana reje Gumbo 68

Havtaske Gumbo 69

Blandet Fisk Gumbo 69

Ørred med mandler 70

Provençale rejer 70

Rødspætter i sellerisauce med ristede mandler 72

Fileter i tomatsauce med merian 72

Fileter i svampesauce med brøndkarse 73

Hashed torsk med pocheret æg 73

Kuller og grøntsager i cidersauce 75

Seaside Pie 76

Smoky Fish Toppers 78

Coley-fileter med porre og citronmarmelade 79

Havfisk i en jakke 80

Svensk torsk med smeltet smør og æg 81

Fisk og skaldyr Stroganoff 82

Frisk tun Stroganoff 83

Hvid fisk Ragout Supreme 83

Laksemousse 85

Dieters' Laksemousse 87

Krabbe Mornay 87

Tun Mornay 88

Rød laks Mornay 89

Skaldyr og valnød Combo 89

Laksering med dild 91

Blandet fiskering med persille 92

Torskegryde med bacon og tomater 93

Slimmers' fiskegryde 94

Stegt kylling 96

Glaseret stegt kylling 97

Tex-mex kylling 98

Kroning Kylling 99

Kylling Veronique 100

Kylling i eddikesauce med estragon 101

Dansk stegt kylling med persillefyld 101

Kylling Simla 102

Krydret kylling med kokos og koriander 102

Krydret kanin 103

Krydret Tyrkiet 104

Kylling Bredie med tomater 104

Kinesisk rød kogt kylling 105

Aristokratiske kyllingevinger 106

Kylling Chow Mein 107

Kyllingekotelet Suey 108

Express marineret kinesisk kylling 108

Hong Kong kylling med blandede grøntsager og bønnespirer 109

Kylling med Golden Dragon Sauce 110

Ingefær kyllingevinger med salat 111

Bangkok kokosnød kylling 112

Kylling satay 113

Jordnøddekylling 114

Indisk kylling med yoghurt 115

Japansk kylling med æg 116

Portugisisk kyllingegryde 117

Krydret kyllingegryde i engelsk stil 118

Gå på kompromis med Tandoori kylling 118

Braiseret oksekød og grøntsager 120

Oksekødsstuvning 121

Hot-pot oksekød og grøntsager 122

Oksekød karry 123

Basisfars 124

Cottage Pie 125

Cottage Pie med ost 125

Hak med havre 125

Chili con Carne 126

Karryfars 126

Oksegulasch 127

Oksegulasch med kogte kartofler 128

Smørbønner og oksekødgryderet med tomater 129

Oksekød og tomatkage 129

Oksekød og svampekebab 130

Fyldt lam 132

Minted lammekebab 133

Klassisk lammekebab 134

Mellemøstligt lam med frugt 135

Mock Irish Stew 136

Bondekone Lammekoteletter 137

Lam Hot-pot 138

Lammebrød med mynte og rosmarin 139

Lammebredie med tomater 140

Lam Biriani 141

Udsmykkede Biriani 142

Moussaka 143

Moussaka med kartofler 144

Hurtig Moussaka 145

Lammefars 146

Shepherd's Pie 146

Landlever i rødvin 147

Lever og bacon 148

Lever og bacon med æble 149

Nyrer i rødvin med brandy 150

Vildtbøffer med østerssvampe og blåskimmelost 152

Tilberedning af små pasta 153

Kinesisk nudel- og svampesalat med valnødder 153

Peber makaroni 154

Familie makaroni ost 155

Klassisk makaroni ost 156

Makaroniost med Stilton 157

Makaroni ost med bacon 157

Makaroni ost med tomater 157

Spaghetti Carbonara 158

Pizza-stil makaroni ost 159

Spaghetticreme med forårsløg 160

Spaghetti bolognese 161

Spaghetti med Tyrkiet Bolognese Sauce 162

Spaghetti med Ragusauce 163

Spaghetti med smør 164

Pasta med hvidløg 165

Spaghetti med oksekød og blandet grøntsagsbolognese sauce 166

Spaghetti med kødsauce og fløde 167

Spaghetti med Marsala kødsauce 167

Pasta alla Marinara 168

Pasta Matriciana 169

Pasta med tun og kapers 170

Pasta Napoletana 171

Pasta Pizzaiola 171

Pasta med ærter 172

Pasta med kyllingeleversauce 172

Pasta med ansjos 172

Ravioli med sauce 173

Tortellini 173

Lasagne 174

Pizza Napoletana 175

Pizza Margherita 176

Fisk og skaldyr pizza 176

Pizza Siciliana 177

Svampe pizza 177

Skinke og ananas pizza 177

Pepperoni pizzaer 177

Smørede flagede mandler 179

Flagede mandler i hvidløgssmør ... 179

Tørrede kastanjer ... 179

Tørring af urter ... 180

Sprøde brødkrummer ... 181

Nøddeburgere ... 182

Nøddekin kage ... 183

Boghvede ... 184

Bulgar ... 185

Bulgar med stegt løg ... 186

Tabbouleh ... 187

Sultans salat ... 188

Couscous ... 189

Grits ... 190

Gnocchi alla Romana ... 191

Skinke Gnocchi ... 192

Hirse ... 192

Polenta ... 193

Grillet Polenta ... 194

Polenta med pesto ... 195

Polenta med soltørret tomat eller olivenpasta ... 195

Quinoa ... 195

Rumænsk Polenta 196

Karryris 197

Hytteost og risgryde 198

Italiensk Risotto 199

Svampe Risotto 200

brasilianske ris 200

Spanske ris 201

Almindelig tyrkisk pilaf 202

Rig tyrkisk pilaf 203

Thai ris med citrongræs, limeblade og kokosnød 204

Okra med kål 206

Rødkål med æble 206

Rødkål med vin 208

Norsk surkål 209

Stuvet okra i græsk stil med tomater 209

Grønt med tomater, løg og jordnøddesmør 210

Sød-syrlig flødebede 211

Rødbeder i Orange 212

Skallet knoldselleri 213

Knoldselleri med orange hollandaise sauce 214

græske svampe

Serverer 4

1 buket garni pose
1 fed hvidløg, knust
2 laurbærblade
60 ml/4 spsk vand
30 ml/2 spsk citronsaft
15 ml/1 spsk vineddike
15 ml/1 spsk olivenolie
5 ml/1 tsk salt
450 g/1 lb knapsvampe
30 ml/2 spsk hakket persille

Kom alle ingredienserne undtagen champignon og persille i en stor skål. Dæk med en tallerken og varm på fuld i 4 minutter. Rør svampene i, læg låg på som før og kog på fuld i yderligere 3½ minut. Afkøl, dæk til, og køl derefter i flere timer. Fjern bouquet garni og løft derefter svampene på fire tallerkener med en dræningsske, drys hver med persille og server.

Artiskokker vinaigrette

Serverer 4

450 g jordskokker
Vinaigrettedressing, hjemmelavet eller købt
10 ml/2 tsk hakket persille
5 ml/1 tsk hakket estragon

Kom artiskokkerne og lidt vand i et fad og dæk med en tallerken. Kog på fuld i 10 minutter, vend retten to gange. Dræn grundigt og skær i tykke skiver. Overtræk med vinaigrettedressingen, mens den stadig er varm. Fordel mellem fire tallerkener og drys med persille og estragon.

Cæsar salat

Serverer 4

En unik salat, skabt i tyverne af Caesar Cardini, som usædvanligt byder på koseæg. Det er en fremragende simpel starter, men alligevel har den klassisk chic.

1 cos (romaine) salat, afkølet
1 fed hvidløg, knust
60 ml/4 spsk ekstra jomfru olivenolie
Salt og friskkværnet sort peber
2 store æg
5 ml/1 tsk Worcestershire sauce
Saft af 2 citroner, siet
90 ml/6 spsk friskrevet parmesanost
50 g/2 oz/1 kop hvidløgscroûtoner

Skær salaten på tværs i 5 cm/2 stykker og kom i en salatskål med hvidløg, olie og krydderier efter smag. Kast forsigtigt. For at forkæle æggene, beklæd en kornskål med husholdningsfilm (plastfolie) og bræk æggene i. Kog uden låg ved optøning i 1½ minut. Tilføj til salatskålen med alle de resterende ingredienser og vend igen, indtil det er grundigt blandet. Anret på middagstallerkener og server med det samme.

Hollandsk cikorie med æg og smør

Serverer 4

8 hoveder cikorie (belgisk endivie)
30 ml/2 spsk citronsaft
75 ml/5 spsk kogende vand
5 ml/1 tsk salt
75 g/3 oz/1/3 kop smør, ved køkkentemperatur og ret blødt
4 hårdkogte (hårdtkogte) æg, hakket

Trim cikorie og skær et kegleformet stykke ud fra bunden af hver for at forhindre en bitter smag. Anret cikorie i et enkelt lag i et fad på 20 cm/8 i diameter og tilsæt citronsaft og vand. Drys med saltet. Dæk med husholdningsfilm (plastfolie) og skær den to gange for at lade dampen slippe ud. Kog på fuld i 15 minutter. Lad det stå i 3 minutter, og dræn derefter. Mens cikorie koger, piskes smørret, indtil det er let og cremet. Bland æggene i. Anret cikorie på fire varme tallerkener og top med æggeblandingen. Spis med det samme.

Æggemayonnaise

Serverer 1

En af Frankrigs standardforretter, ægmayonnaise er pålideligt appetitlig og kan varieres efter smag.

Strimlede salatblade
1-2 hårdkogte (hårdkogte) æg, halveret
Mayonnaisesauce, eller brug købt mayonnaise
4 dåse ansjosfileter i olie
1 tomat, skåret i tern

Anret salaten på en tallerken. Top med æggene, skær siderne nedad. Overtræk temmelig tykt med mayonnaisen, og pynt derefter efter smag med ansjoser og tomatbåde.

Æg med Skordalia Mayonnaise

Serverer 4

En forenklet version af en kompleks hvidløgs- og brødkrummemayonnaisesauce, der komplementerer æggenes fulde smag og tekstur.

150 ml/¼ pt/2/3 kop mayonnaisesauce
1 fed hvidløg, knust
10 ml/2 tsk friske hvide rasp
15 ml/1 spsk malede mandler
10 ml/2 tsk citronsaft
10 ml/2 tsk hakket persille
Strimlede salatblade
2 eller 4 hårdkogte (hårdkogte) æg, halveret
1 rødløg, meget tynde skiver
Små græske sorte oliven, til pynt

Bland mayonnaise, hvidløg, rasp, mandler, citronsaft og persille sammen. Anret salaten på en tallerken, og top derefter æggehalvdelene. Overtræk med mayonnaiseblandingen, og pynt derefter med løgskiver og oliven.

Scotch Woodcock

Serverer 4

Dette tilhører den gamle liga af City-herreklubber, og serveret varmt er det stadig en af de mest eksklusive kanapeer.

4 skiver brød
Smør
Gentleman's Relish eller ansjospasta
2 mængder Ekstra cremet røræg
Et par dåse ansjosfileter i olie, til pynt

Rist brødet, og smør derefter med smør. Fordel tyndt med Gentleman's Relish eller ansjospasta, skær hver skive i kvarte og hold den varm. Lav de ekstra cremede røræg og hæld dem på toastfjerdingerne. Pynt med ansjosfileter.

Ostefondue

Serverer 6

Ostefondue er født i Schweiz og er afterski-darlingen i alpine feriesteder eller andre steder med dyb sne på høje tinder. At dyppe dit brød i en fælles gryde med aromatisk smeltet ost er en af de mest hyggelige, underholdende og afslappende måder at nyde et måltid med venner på, og der er ingen bedre køkkenhjælper til dette end mikrobølgeovnen. Server med små totter af Kirsch og kopper varm citronte for en autentisk atmosfære.

1-2 fed hvidløg pilles og halveres

175 g/6 oz/1½ kopper emmentalerost, revet

450 g/1 lb/4 kopper Gruyère (schweizer) ost, revet

15 ml/1 spsk majsmel (majsstivelse)

300 ml/½ pt/1¼ kopper Moselvin

5 ml/1 tsk citronsaft

30 ml/2 spsk Kirsch

Salt og friskkværnet sort peber

Franskbrød i terninger, til dypning

Tryk de afskårne sider af hvidløgshalvdelene mod siderne af et dybt 2,5 liters/4½ pt/11 kop glas- eller keramikfad. Alternativt, for en stærkere smag, knuse hvidløget direkte i fadet. Tilsæt både oste, majsmel, vin og citronsaft. Kog uden låg på fuld i 7-9 minutter under omrøring fire gange, indtil fonduen begynder at boble forsigtigt. Tag den ud af mikrobølgeovnen og bland Kirsch i. Krydr godt efter smag. Bring retten frem på bordet og spis ved at skyde en terning brød på en lang fonduegaffel, hvirvle den rundt i osteblandingen og derefter løfte den ud.

Fondue med cider

Serverer 6

Tilbered som til ostefondue, men skift tør cider til vinen og calvados med Kirsch og server tern af rødskallet æble samt brødterningerne til dypning.

Fondue med æblejuice

Serverer 6

En alkoholfri Fondue med en blød smag og velegnet til alle aldre.

Tilbered som til ostefondue, men erstat æblejuice med vinen og udelad Kirsch. Fortynd eventuelt med lidt varmt vand.

Pink Fondue

Serverer 6

Forbered som til ostefondue, men udskift 200 g/7 oz/1¾ kopper hver hvid Cheshire-ost, Lancashire-ost og Caerphilly-ost med Emmental- og Gruyère-ostene (schweizer) og rosévin med hvidvinen.

Røgfyldt fondue

Serverer 6

Tilbered som til ostefondue, men erstat halvdelen af Gruyère (schweizer) osten med 200 g/7 oz/1¾ kopper rygeost. Mængden af emmentaler ost er uændret.

Tysk ølfondue

Serverer 6

Forbered som til ostefondue, men erstat øl med vin og brandy med Kirsch.

Fondue med ild

Serverer 6

Tilbered som til ostefondue, men tilsæt 2-3 røde chilier, frøet og meget finthakket, lige efter majsmelet (majsstivelsen).

Karryfondue

Serverer 6

Tilbered som til ostefondue, men tilsæt 10–15 ml/2–3 tsk mild karrypasta med ostene og erstat Kirsch med vodka. Brug stykker opvarmet indisk brød til at dyppe.

Fonduta

Serverer 4-6

En italiensk version af ostefondue, uhyre lækker.

Forbered som til ostefondue, men erstat den italienske Fontina-ost med Gruyère (schweiziske) og emmentaler, tør italiensk hvidvin til Mosel og marsala med Kirsch.

Mock ost og tomatfondue

Serverer 4-6

225 g/8 oz/2 kopper moden cheddarost, revet
125 g/4 oz/1 kop Lancashire- eller Wensleydale-ost, smuldret
300 ml/10 fl oz/1 dåse kondenseret tomatsuppe
10 ml/2 tsk Worcestershire sauce
Et skvæt varm pebersauce
45 ml/3 spsk tør sherry
Lunet ciabattabrød til servering

Læg alle ingredienserne undtagen sherryen i et 1,25 liters/2¼ pt/5½ kop glas- eller keramikfad. Kog uden låg ved optøning i 7-9 minutter under omrøring tre eller fire gange, indtil fonden er jævnt tyknet. Tag den ud af mikrobølgeovnen og rør sherryen i. Spis med stykker varmt ciabattabrød.

Mock oste- og sellerifondue

Serverer 4-6

Forbered som til Mock Cheese og Tomat Fondue, men erstat kondenseret sellerisuppe med tomatsuppen og smag til med gin i stedet for sherry.

Italiensk ost, fløde og ægfondue

Serverer 4-6

1 fed hvidløg, knust

50 g/2 oz/¼ kop usaltet (sødt) smør ved køkkentemperatur

450 g/1 lb/4 kopper Fontina ost, revet

60 ml/4 spsk majsmel (majsstivelse)

300 ml/½ pt/1¼ kopper mælk

2,5 ml/½ tsk revet muskatnød

Salt og friskkværnet sort peber

150 ml/¼ pt/2/3 kop piskefløde

2 æg, pisket

Italiensk brød i terninger til servering

Læg hvidløg, smør, ost, majsmel, mælk og muskatnød i et dybt 2,5 liters/4½ pt/11 kop glas- eller keramikfad. Smag til efter smag. Kog uden låg på fuld i 7-9 minutter under omrøring fire gange, indtil fonduen begynder at boble forsigtigt. Tag den ud af mikrobølgeovnen og bland cremen i. Kog uden låg på fuld i 1 minut. Tag dem ud af mikrobølgeovnen og pisk gradvist æggene i. Server med italiensk brød til dypning.

Hollandsk Bondegård Fondue

Serverer 4-6

En blød og blid fondue, mild nok til børn.

1 fed hvidløg, knust

15 ml/1 spsk smør

450 g/1 lb/4 kopper Gouda ost, revet

15 ml/1 spsk majsmel (majsstivelse)

20 ml/4 tsk sennepspulver

En knivspids revet muskatnød

300 ml/½ pt/1 ¼ kop fuldflødemælk

Salt og friskkværnet sort peber

Ternbrød til servering

Læg alle ingredienserne i et dybt 2,5 liters/4½ pt/11 kop glas- eller keramikfad, og krydr godt efter smag. Kog uden låg på fuld i 7-9 minutter under omrøring fire gange, indtil fonduen begynder at boble forsigtigt. Bring retten frem på bordet og spis ved at skyde en terning brød på en lang fonduegaffel, hvirvle den rundt i osteblandingen og derefter løfte den ud.

Bondegårdsfondue med et spark

Serverer 4-6

Tilbered som til hollandsk Farmhouse Fondue, men rør 30–45 ml/2–3 spsk Genever (hollandsk gin) i efter tilberedning.

Bagt æg Flamenco stil

Serverer 1

*Smeltet smør eller margarine
1 lille tomat, blancheret, flået og hakket
2 forårsløg (spidskål), hakket*

1-2 fyldte oliven, skåret i skiver

5 ml/1 tsk olie

15 ml/1 spsk kogt skinke, finthakket

1 æg

Salt og friskkværnet sort peber

15 ml/1 spsk dobbelt (tung) creme eller creme fraîche

5 ml/1 tsk meget finthakket persille, purløg eller koriander (koriander)

Pensl et lille ramekinfad (cremekop) eller individuel souffléfad med smeltet smør eller margarine. Tilsæt tomat, forårsløg, oliven, olie og skinke. Dæk med en underkop og varm igennem på fuld i 1 minut. Bræk forsigtigt ægget i og punkter blommen to gange med et spyd eller spidsen af en kniv. Krydr godt efter smag. Overtræk med cremen og drys med krydderurterne. Dæk som før og kog ved optøning i 3 minutter. Lad stå i 1 minut før du spiser.

Brød og smør ost og persille budding

Serverer 4-6

4 store skiver hvidt brød

50 g/2 oz/¼ kop smør, ved køkkentemperatur

175 g/6 oz/1½ kopper orangefarvet cheddarost

45 ml/3 spsk hakket persille

600 ml/1 pt/2½ kopper kold mælk

3 æg

5 ml/1 tsk salt

Paprika

Smør brødet med smør og skær hver skive i fire firkanter. Smør et fad på 1,75 liter/3 pt/7½ kop grundigt. Arranger halvdelen af brødfirkanterne med de smørsmurte sider opad over bunden af fadet. Drys med to tredjedele af osten og al persillen. Arranger det resterende brød ovenpå med de smørsmurte sider opad. Hæld mælken i en kande og varm, utildækket, på fuld i 3 minutter. Pisk æggene til skum, og pisk derefter mælken gradvist i. Rør saltet i. Hæld forsigtigt over brødet og smørret. Drys den resterende ost ovenpå og drys med paprika. Dæk med køkkenpapir og kog ved optøning i 30 minutter. Lad stå i 5 minutter, brun derefter under en varm grill (slagtekyllinger), hvis du kan lide det, før servering.

Brød og smør ost og persille budding med cashewnødder

Serverer 4-6

Tilbered som til brød- og smørost og persillebudding, men tilsæt 45 ml/3 spsk cashewnødder, ristet og groft hakket, sammen med ost og persille.

Fire-oste brød og smør budding

Serverer 4-6

Tilbered som til brød- og smørost og persillebudding, men brug en blanding af revet Cheddar, Edam, Red Leicester og smuldrede Stilton-oste. Erstat fire hakkede syltede løg med persillen.

Ost og æggeknækker

Serverer 4

300 ml/10 fl oz/1 dåse kondenseret svampesuppe
45 ml/3 spsk enkelt (let) creme
125 g/4 oz/1 kop rød Leicester ost, revet
4 varme ristede crumpets
4 friskpocherede æg

Kom suppen, fløden og halvdelen af osten i en 900 ml/1½ pt/3¾ kop skål. Opvarm, utildækket, på fuld i 4-5 minutter, indtil det er varmt og glat, pisk hvert minut. Læg hver crumpet på en varm tallerken og top med et æg. Overtræk med svampeblandingen, drys med den resterende ost og varm en ad gangen på Fuld i cirka 1 minut, indtil osten er smeltet og bobler. Spis med det samme.

Ost og tomatpudding på hovedet

Serverer 4

225 g/8 oz/2 kopper selvhævende (selvhævende) mel
5 ml/1 tsk sennepspulver
5 ml/1 tsk salt
125 g/4 oz/½ kop smør eller margarine
125 g/4 oz/1 kop Edam eller Cheddar ost, revet
2 æg, pisket
150 ml/¼ pt/2/3 kop kold mælk

4 store tomater, blancheret og flået og hakket

15 ml/1 spsk hakket persille eller koriander (koriander)

Smør en dyb rund 1,75 liter/3 pt/7½ kop buddingbassin med smør. Sigt mel, sennepspulver og 2,5 ml/½ tsk af saltet i en skål. Gnid smør eller margarine fint i, og smid derefter osten i. Bland til en blød konsistens med æg og mælk. Spred jævnt i det forberedte bassin. Kog uden låg på fuld i 6 minutter. Bland tomaterne med det resterende salt. Læg i en lav skål og dæk med en tallerken. Tag buddingen ud af ovnen og vend den forsigtigt i et lavt fad. Dæk med køkkenpapir og kog på fuld i yderligere 2 minutter. Tag ud af ovnen og dæk med et stykke folie for at holde på varmen. Sæt tomaterne i mikroovnen og varm på Fuld i 3 minutter. Hæld buddingen over, drys med krydderurterne og server varm.

Pizza Crumpets

Serverer 4

45 ml/3 spsk tomatpuré (pasta)

30 ml/2 spsk olivenolie

1 fed hvidløg, knust

4 varme ristede crumpets

2 tomater, skåret i tynde skiver

175 g/6 oz mozzarellaost, skåret i skiver

12 sorte oliven

Bland tomatpuré, olivenolie og hvidløg sammen og fordel det på crumpets. Anret tomatskiverne ovenpå. Dæk med ost og dryp med oliven. Varm en ad gangen på fuld i ca. 1-1½ minut, indtil osten begynder at smelte. Spis med det samme.

Ingefær havaborre med løg

Serverer 8

En kantonesisk specialitet og en typisk kinesisk buffetret.

2 havaborre, 450 g/1 lb hver, renset, men hoveder efterladt på
8 forårsløg (spidskål)
5 ml/1 tsk salt
2,5 ml/½ tsk sukker
2,5 cm/1 i stykke frisk rod ingefær, skrællet og finthakket
45 ml/3 spsk sojasovs

Vask fisken indvendigt og udvendigt. Tør med køkkenpapir. Lav tre diagonale skråstreg med en skarp kniv, ca. 2,5 cm fra hinanden, på begge sider af hver fisk. Læg hoved til hale i et 30 3 20 cm/12 3 8 i fad. Top og hale løgene, skær hver i tråde på langs og drys over fisken. Bland de resterende ingredienser grundigt sammen og brug den til at overtrække fisken. Dæk fadet med husholdningsfilm (plastfolie) og skær det to gange, så dampen kan slippe ud. Kog på fuld i 12 minutter, vend retten én gang. Flyt fisken over på en tallerken og overtræk med løg og saft fra fadet.

Ørredpakker

Serverer 2

Professionelle kokke kalder dette truites en papillote. Pakkerne med enkelt tilberedte delikate ørreder er en smart fiskebane.

2 store rensede ørreder, 450 g/1 lb hver, vasket, men hoveder efterladt på

1 løg, skåret i tykke skiver

1 lille citron eller lime, skåret i tykke skiver

2 store tørrede laurbærblade, groft smuldrede

2,5 ml/½ tsk herbes de Provence

5 ml/1 tsk salt

Forbered to rektangler af bagepapir, 40 3 35 cm/16 3 14 i hver. Læg løget og citron- eller limeskiverne i fiskens hulrum med laurbærbladene. Overfør til pergamentrektangler og drys med krydderurter og salt. Pak hver ørred individuelt ind, og læg derefter begge pakker sammen i et lavt fad. Kog på fuld i 14 minutter, vend retten én gang. Lad stå i 2 minutter. Overfør hver til en opvarmet tallerken og åbn pakkerne ud ved bordet.

Skinnende havtaske med slanke bønner

Serverer 4

125 g/4 oz franske (grønne) eller Kenya bønner, toppet og hale

150 ml/¼ pt/2/3 kop kogende vand

450 g/1 lb havtaske

15 ml/1 spsk majsmel (majsstivelse)

1,5–2,5 ml/¼–½ tsk kinesisk fem krydderipulver

45 ml/3 spsk risvin eller medium sherry

5 ml/1 tsk østerssauce på flaske

2,5 ml/½ tsk sesamolie

1 fed hvidløg, knust

50 ml/2 fl oz/3½ spsk varmt vand

15 ml/1 spsk sojasovs

Ægge nudler, til servering

Halver bønnerne. Læg i et rundt 1,25 liter/2¼ pt/5½ kop fad. Tilsæt det kogende vand. Dæk med husholdningsfilm (plastikfolie) og skær den to gange for at lade damp slippe ud. Kog på fuld i 4 minutter. Dræn og sæt til side. Vask havtaske og skær den i smalle strimler. Bland majsmel og krydderipulver med risvin eller sherry, indtil det er glat. Rør de resterende ingredienser i. Overfør til fadet, hvori bønnerne blev kogt. Kog uden låg på fuld i 1½ minut. Rør til det er glat, og bland derefter bønner og havtaske i. Dæk som før og kog på fuld i 4 minutter. Lad det stå i 2 minutter, rør derefter rundt og server.

Skinnende rejer med Mangetout

Serverer 4

Forbered som til skinnende havtaske med slanke bønner, men erstat bønnerne med mangetout (sneærter) og kog dem i kun 2½-3 minutter, da de skal forblive sprøde. Erstat havtaske med afskallede rejer (rejer).

Normandiet Torsk med Cider og Calvados

Serverer 4

50 g/2 oz/¼ kop smør eller margarine

1 løg, meget tynde skiver

3 gulerødder, meget tynde skiver

50 g/2 oz svampe, trimmet og skåret i tynde skiver

4 store torskebøffer, ca. 225 g/8 oz hver

5 ml/1 tsk salt

150 ml/¼ pt/2/3 kop cider

15 ml/1 spsk majsmel (majsstivelse)

25 ml/1½ spsk koldt vand

15 ml/1 spsk calvados

Persille, til pynt

Kom halvdelen af smørret eller margarinen i et dybt fad på 20 cm/8 i diameter. Smelt, afdækket, på fuld i 45-60 sekunder. Bland løg, gulerødder og svampe i. Arranger fisken i et enkelt lag ovenpå. Støv med saltet. Hæld cideren i fadet og prik bøfferne med det resterende smør eller margarine. Dæk med husholdningsfilm (plastikfolie) og skær den to gange for at lade damp slippe ud. Kog på fuld i 8 minutter, vend retten fire gange. Hæld forsigtigt kogevandet fra og reserver. Bland majsmelet glat med vand og calvados. Tilsæt fiskesaften. Kog uden låg på fuld i 2-2½ minut, indtil saucen tykner, pisk hvert 30. sekund. Anret fisken på en opvarmet tallerken og top med grøntsagerne. Overtræk med saucen og pynt med persille.

Fisk Paella

Serverer 6-8

Spaniens førende risret, kendt verden over gennem internationale rejser.

900 g/2 lb flået laksefilet, i tern
1 pakke safranpulver
60 ml/4 spsk varmt vand
30 ml/2 spsk olivenolie
2 løg, hakket
2 fed hvidløg, knust
1 grøn peberfrugt, kernet og hakket groft
225 g/8 oz/1 kop italiensk eller spansk risottoris
175 g/6 oz/1½ kopper frosne eller friske ærter
600 ml/1 pt/2½ kopper kogende vand
7,5 ml/1½ tsk salt
3 tomater, blancheret, skrællet og delt i kvarte
75 g/3 oz/¾ kop kogt skinke, skåret i tern
125 g/4 oz/1 kop pillede rejer (rejer)
250 g/9 oz/1 stor dåse muslinger i lage
Citronbåde eller skiver til pynt

Arranger lakseterningerne rundt om kanten af et 25 cm/10 i diameter ildfast fad (hollandsk ovn), efterlad et lille hul i midten. Dæk fadet med husholdningsfilm (plastfolie) og skær det to gange, så dampen kan slippe ud. Kog ved optøning i 10-11 minutter, vend retten to gange, indtil fisken ser skællet ud og netop gennemstegt. Hæld væsken fra, og sæt laksen til side. Vask og tør fadet. Tøm safranen i en lille skål, tilsæt det varme vand og lad det trække i 10 minutter. Hæld olien i det rensede fad og tilsæt løg, hvidløg og grøn peber. Kog uden låg på fuld i 4 minutter. Tilsæt ris, safran og iblødsætningsvand, ærter, laksetern, reserveret laksevæske, kogende vand og salt. Bland grundigt, men forsigtigt. Dæk som før og kog på fuld i 10 minutter. Lad stå i mikroovnen i 10 minutter. Kog på fuld i yderligere 5 minutter. Afdæk og bland forsigtigt tomater og skinke i. Pynt med rejer, muslinger og citron og server.

Soused Sild

Serverer 4

4 sild, ca. 450 g/1 lb hver, fileteret
2 store laurbærblade, groft smuldrede
15 ml/1 spsk blandet syltningskrydderi
2 løg, skåret i skiver og delt i ringe
150 ml/¼ pt/2/3 kop kogende vand
20 ml/4 tsk perlesukker
10 ml/2 tsk salt
90 ml/6 spsk malteddike
Smørt brød til servering

Rul hver sildefilet op fra hovedet til haleenden, skindsiderne indeni. Arranger rundt om kanten af et dybt fad på 25 cm/10 i diameter. Drys med laurbærblade og krydderi. Arranger løgringene mellem sildene. Bland de resterende ingredienser grundigt sammen og hæld over fisken. Dæk med husholdningsfilm (plastikfolie) og skær den to gange for at lade damp slippe ud. Kog på fuld i 18 minutter. Lad det køle af, og køl derefter. Spis koldt med brød og smør.

Moules Marinières

Serverer 4

Belgiens nationalret, altid serveret med et tilbehør med chips (pommes frites).

900 ml/2 pts/5 kopper friske muslinger

15 g/½ oz/1 spsk smør eller margarine

1 lille løg, hakket

1 fed hvidløg, knust

150 ml/¼ pt/2/3 kop tør hvidvin

1 buket garni pose

1 tørret laurbærblad, smuldret

7,5 ml/1½ tsk salt

20 ml/4 tsk friske hvide rasp

20 ml/4 tsk hakket persille

Vask muslingerne under koldt rindende vand. Skrab eventuelle smykker væk, og klip derefter skægget af. Kassér eventuelle muslinger med revnede skaller eller dem, der er åbne; de kan forårsage madforgiftning. Vask igen. Kom smør eller margarine i en dyb skål. Smelt, afdækket, på fuld i ca. 30 sekunder. Bland løg og hvidløg i.

Dæk med en tallerken og kog på fuld i 6 minutter, omrør to gange. Tilsæt vin, bouquet garni, laurbærblad, salt og muslinger. Rør forsigtigt for at blande. Dæk som før og kog på fuld i 5 minutter. Brug en hulske til at overføre muslingerne til fire dybe skåle eller suppetallerkener. Rør brødkrummer og halvdelen af persillen i kogevæsken, og hæld derefter muslingerne over. Drys med den resterende persille og server med det samme.

Makrel med Rabarber og Rosin Sauce

Serverer 4

Den smukt farvede sød-syrlige sauce balancerer den rige makrel smukt.

350 g/12 oz unge rabarber, groft hakket

60 ml/4 spsk kogende vand

30 ml/2 spsk rosiner

30 ml/2 spsk perlesukker

2,5 ml/½ tsk vaniljeessens (ekstrakt)

Finrevet skal og saft af ½ lille citron

4 makrel, renset, udbenet og hoveder kasseret

50 g/2 oz/¼ kop smør eller margarine

Salt og friskkværnet sort peber

Læg rabarberne og vandet i et ildfast fad (hollandsk ovn). Dæk med husholdningsfilm (plastikfolie) og skær den to gange for at lade damp slippe ud. Kog på fuld i 6 minutter, vend retten tre gange. Afdæk og mos rabarberne til en frugtkød. Rør rosiner, sukker, vaniljeessens og citronskal i, og stil derefter til side. Med skindsiderne mod dig, fold hver makrel på midten på tværs fra hoved til hale. Kom smør eller margarine og citronsaft i et dybt fad på 20 cm/8 i diameter. Smelt på fuld i 2 minutter. Tilsæt fisken og overtræk med de smeltede ingredienser. Drys med salt og peber. Dæk med husholdningsfilm (plastikfolie) og skær den to gange for at lade damp slippe ud. Kog på medium i 14-16 minutter, indtil fisken ser flaget ud. Lad stå i 2 minutter. Varm rabarbersaucen igennem på Fuld i 1 minut og server med makrellen.

Sild med æblecider sauce

Serverer 4

Forbered som til makrel med rabarber og rosinsauce, men erstat rabarber og kogende cider i stedet for vandet med skrællede og kernehuse (tærte) æbler. Udelad rosinerne.

Karper i gelésauce

Serverer 4

1 meget frisk karpe, renset og skåret i 8 tynde skiver
30 ml/2 spsk malteddike
3 gulerødder, skåret i tynde skiver
3 løg, skåret i tynde skiver

600 ml/1 pt/2½ kopper kogende vand
10–15 ml/2–3 tsk salt

Vask karper, og læg derefter i blød i 3 timer i nok koldt vand tilsat eddike til at dække fisken. (Dette fjerner den mudrede smag.) Læg gulerødder og løg i et dybt fad på 23 cm/9 i diameter med kogende vand og salt. Dæk med husholdningsfilm (plastikfolie) og skær den to gange for at lade damp slippe ud. Kog på fuld i 20 minutter, vend retten fire gange. Dræn, behold væsken. (Grøntsagerne kan bruges andre steder i fiskesuppe eller røre.) Hæld væsken tilbage i retten. Tilsæt karper i et enkelt lag. Dæk som før og kog på fuld i 8 minutter, vend retten to gange. Lad stå i 3 minutter. Brug en fiskeskive til at overføre karpen til et lavt fad. Dæk til og afkøl. Overfør væsken i en kande og afkøl, indtil den er let gelé. Hæld geléen over fisken og server.

Rollmops med abrikoser

Serverer 4

75 g/3 oz tørrede abrikoser
150 ml/¼ pt/2/3 kop koldt vand
3 købte rullemopper med løg i skiver
150 g/5 oz/2/3 kop creme fraîche

Blandede salatblade

Knækbrød

Vask abrikoserne og skær dem i mundrette stykker. Kom i en skål med det kolde vand. Dæk med en omvendt tallerken og varm på fuld i 5 minutter. Lad stå i 5 minutter. Dræne. Skær rullemopperne i strimler. Tilsæt abrikoserne med løg og creme fraiche. Bland godt. Dæk til og lad det marinere i køleskabet i 4-5 timer. Server på salatblade med knækbrød.

Pocheret Kipper

Serverer 1

Mikrobølgeovn stopper lugten fra at trænge igennem huset og efterlader kipperen saftig og mør.

1 stor ufarvet kipper, ca. 450 g/1 lb

120 ml/4 fl oz/½ kop koldt vand

Smør eller margarine

Trim kipperen, kassér halen. Læg i blød i 3-4 timer i flere skift af koldt vand for at reducere saltindholdet, hvis det ønskes, og dræn derefter. Læg vandet i et stort, lavt fad. Dæk med husholdningsfilm (plastikfolie) og skær den to gange for at lade damp slippe ud. Kog på fuld i 4 minutter. Server på en varm tallerken med en klat smør eller margarine.

Madras rejer

Serverer 4

25 g/1 oz/2 spsk ghee eller 15 ml/1 spsk jordnøddeolie (jordnøddeolie)
2 løg, hakket
2 fed hvidløg, knust
15 ml/1 spsk varmt karrypulver

5 ml/1 tsk stødt spidskommen

5 ml/1 tsk garam masala

Saft af 1 lille lime

150 ml/¼ pt/2/3 kop fisk eller grøntsagsfond

30 ml/2 spsk tomatpuré (pasta)

60 ml/4 spsk sultanas (gyldne rosiner)

450 g/1 lb/4 kopper pillede rejer (rejer), optøet, hvis de er frosne

175 g/6 oz/¾ kop langkornet ris, kogt

Popadoms

Kom ghee eller olie i et dybt fad på 20 cm/8 i diameter. Varm, utildækket, på fuld i 1 minut. Bland grundigt løg og hvidløg i. Kog uden låg på fuld i 3 minutter. Tilsæt karry, spidskommen, garam masala og limesaft. Kog uden låg på fuld i 3 minutter under omrøring to gange. Tilsæt bouillon, tomatpuré og sultanas. Dæk med en omvendt tallerken og kog på fuld i 5 minutter. Dræn rejerne, hvis det er nødvendigt, og tilsæt derefter til retten og rør rundt for at kombinere. Kog uden låg på fuld i 1½ minut. Server med ris og popadoms.

Martini rødspætte ruller med sauce

Serverer 4

8 rødspættefileter, 175 g/6 oz hver, vasket og tørret

Salt og friskkværnet sort peber

Saft af 1 citron

2,5 ml/½ tsk Worcestershire sauce

25 g/1 oz/2 spsk smør eller margarine

4 skalotteløg, pillede og hakkede

100 g/3½ oz/1 kop kogt skinke, skåret i strimler

400 g/14 oz svampe, skåret i tynde skiver

20 ml/4 tsk majsmel (majsstivelse)

20 ml/4 tsk kold mælk

250 ml/8 fl oz/1 kop hønsefond

150 g/¼ pt/2/3 kop enkelt (let) creme

2,5 ml/½ tsk rørsukker (superfint).

1,5 ml/¼ tsk gurkemeje

10 ml/2 tsk martini bianco

Krydr fisken med salt og peber. Mariner i citronsaft og Worcestershire sauce i 15-20 minutter. Smelt smør eller margarine i en gryde (gryde). Tilsæt skalotteløgene og steg (svits) forsigtigt, indtil de er bløde og halvgennemsigtige. Tilsæt skinke og svampe og steg i 7 minutter. Blend majsmelet med den kolde mælk til det er jævnt og tilsæt de resterende ingredienser. Rul rødspættefileterne sammen og spyd med cocktailpinde (tandstikker). Anret i et dybt fad på 20 cm/8 i diameter.

Overtræk med svampeblandingen. Dæk med husholdningsfilm (plastikfolie) og skær den to gange for at lade damp slippe ud. Kog på fuld i 10 minutter.

Skaldyr Ragout med valnødder

Serverer 4

30 ml/2 spsk olivenolie
1 løg, pillet og hakket
2 gulerødder, skrællet og skåret i fint tern
3 selleristængler, skåret i smalle strimler

1 rød peberfrugt, frøet og skåret i strimler

1 grøn peberfrugt, frøet og skåret i strimler

1 lille courgette (zucchini), trimmet og skåret i tynde skiver

250 ml/8 fl oz/1 kop rosévin

1 buket garni pose

325 ml/11 fl oz/1 1/3 kopper grøntsags- eller fiskefond

400 g/14 oz/1 stor dåse hakkede tomater

125 g/4 oz blæksprutteringe

125 g/4 oz kogte afskallede muslinger

200 g/7 oz citrontunge eller skrubbefilet, skåret i stykker

4 kæmpe rejer (jumbo rejer), kogte

50 g/2 oz/½ kop valnødder, groft hakkede

30 ml/2 spsk udstenede (udstenede) sorte oliven

10 ml/2 tsk gin

Saft af ½ lille citron

2,5 ml/½ tsk granuleret sukker

1 baguette

30 ml/2 spsk grofthakkede basilikumblade

Hæld olien i et fad på 2,5 liter/4½ pt/11 kop. Varm, utildækket, på fuld i 2 minutter. Tilsæt de tilberedte grøntsager og hæld olien i til belægning. Dæk med husholdningsfilm (plastikfolie) og skær den to gange for at lade damp slippe ud. Kog på fuld i 5 minutter. Tilsæt vin og bouquet garni. Dæk som før og kog på fuld i 5 minutter. Tilsæt fond, tomater og fisk. Læg låg på igen og kog på fuld i 10 minutter.

Bland alle de resterende ingredienser undtagen basilikum. Læg låg på igen og kog på fuld i 4 minutter. Drys med basilikum og server varm.

Torsk Hot-pot

Serverer 4

25 g/1 oz/2 spsk smør eller margarine
1 løg, pillet og hakket
2 gulerødder, skrællet og skåret i fint tern
2 selleristængler, skåret i tynde skiver

150 ml/¼ pt/2/3 kop mellemtør hvidvin

400 g/14 oz flået torskefilet, skåret i store tern

15 ml/1 spsk majsmel (majsstivelse)

75 ml/5 spsk kold mælk

350 ml/1½ dl fisk eller grøntsagsfond

Salt og friskkværnet sort peber

75 ml/5 spsk hakket dild (dildukrudt)

300 ml/½ pt/1¼ kopper dobbelt (tung) fløde, blødt pisket

2 æggeblommer

Placer smørret eller margarinen i en 20 cm/8 i diameter ildfast fad (hollandsk ovn). Varm, utildækket, på fuld i 2 minutter. Bland grøntsagerne og vinen i. Dæk med husholdningsfilm (plastikfolie) og skær den to gange for at lade damp slippe ud. Kog på fuld i 5 minutter. Lad stå i 3 minutter. Afdække. Tilsæt fisken til grøntsagerne. Bland majsmelet med den kolde mælk, indtil det er glat, og tilsæt derefter til gryden med bouillon. Sæson. Dæk som før og kog på fuld i 8 minutter. Tilsæt dilden. Bland fløden grundigt med æggeblommerne og rør i gryden. Dæk til og kog på fuld i 1½ minut.

Røget Torsk Hot-pot

Serverer 4

Tilbered som for Torsk Hot-pot, men erstat røget torskefilet med frisk.

Havtaske i gylden citronflødesauce

Serverer 6

300 ml/½ pt/1¼ kopper fuldflødemælk

25 g/1 oz/2 spsk smør eller margarine, ved køkkentemperatur

675 g/1½ lb havtaskefileter, skåret i mundrette stykker

45 ml/3 spsk almindeligt (all-purpose) mel

2 store æggeblommer

Saft af 1 stor citron

2,5–5 ml/½ –1 tsk salt

2,5 ml/½ tsk finthakket estragon

Kogte vol-au-vent sager (pattyskaller) eller ristede ciabatta brødskiver

Hæld mælken i en kande og varm, utildækket, på fuld i 2 minutter. Læg smørret eller margarinen i et dybt fad på 20 cm/8 i diameter. Smelt uden låg ved afrimning i 1½ minut. Overtræk fiskestykkerne med mel og tilsæt smør eller margarine i fadet. Hæld forsigtigt mælken i. Dæk med husholdningsfilm (plastikfolie) og skær den to gange for at lade damp slippe ud. Kog på fuld i 7 minutter. Pisk æggeblommer, citronsaft og salt sammen og rør i fisken. Kog uden låg på fuld i 2 minutter. Lad stå i 5 minutter. Rør rundt, drys med estragon og server i vol-au-vent sager eller med skiver af ristet ciabatta.

Sål i gylden citronflødesauce

Serverer 6

Tilbered som for havtaske i gylden citronflødesauce, men erstat havtaskestykkerne med tunge, skåret i strimler.

Laks hollandaise

Serverer 4

4 laksebøffer, 175–200 g/6–7 oz hver

150 ml/¼ pt vand/2/3 kop vand eller tør hvidvin

2,5 ml/½ tsk salt

Hollandaise sauce

Arranger bøfferne rundt om siderne af et dybt fad på 20 cm/8 i diameter. Tilsæt vandet eller vinen. Drys fisken med salt. Dæk med husholdningsfilm (plastikfolie) og skær den to gange for at lade damp slippe ud. Kog ved optøning (for at forhindre, at laksen spytter) i 16-18 minutter. Lad stå i 4 minutter. Løft ud på fire opvarmede tallerkener med en fiskeskive, og dræn væsken fra. Overtræk hver med Hollandaise-sauce.

Lakse Hollandaise med koriander

Serverer 4

Tilbered som til laksehollandaise, men tilsæt 30 ml/2 spsk hakket koriander (koriander) til saucen, så snart den er færdigkogt. For yderligere smag blandes 10 ml/2 tsk hakket citronmelisse i.

Lakse Mayonnaise flage

Serverer 6

900 g/2 lb frisk laksefilet, flået
Salt og friskkværnet sort peber
Smeltet smør eller margarine (valgfrit)
50 g/2 oz/½ kop mandler i flager, ristede
1 lille løg, finthakket
30 ml/2 spsk finthakket persille
5 ml/1 tsk hakket estragon
200 ml/7 fl oz/små 1 kop fransk-stil mayonnaise
Salatblade
Fennikelspray, til pynt

Del laksen i fire portioner. Arranger rundt om kanten af et dybt fad på 25 cm/10 i diameter. Drys med salt og peber og dryp lidt smeltet smør eller margarine over toppen, hvis det ønskes. Dæk med husholdningsfilm (plastikfolie) og skær den to gange for at lade damp slippe ud. Kog ved optøning i 20 minutter. Lad den køle af til lunken, og fliser derefter fisken med to gafler. Kom over i en skål, tilsæt halvdelen af mandlerne og løg, persille og estragon. Rør forsigtigt mayonnaisen i, indtil den er godt blandet og fugtig. Beklæd et langt fad med salatblade. Læg en række laksemayonnaise ovenpå. Drys med de resterende mandler og pynt med fennikel.

Laksesteg i middelhavsstil

Serverer 6-8

1,5 kg/3lb portion mellemskårne laks
60 ml/4 spsk olivenolie
60 ml/4 spsk citronsaft
60 ml/4 spsk tomatpuré (pasta)
15 ml/1 spsk hakkede basilikumblade
7,5 ml/1½ tsk salt
45 ml/3 spsk små kapers, drænet
45 ml/3 spsk hakket persille

Vask laksen, og sørg for, at alle skæl er skrabet af. Læg i et dybt fad på 20 cm/8 i diameter. Pisk de resterende ingredienser sammen og hæld over fisken. Dæk med en tallerken og lad det marinere i køleskabet i 3 timer. Dæk med husholdningsfilm (plastikfolie) og skær den to gange for at lade damp slippe ud. Kog på fuld i 20 minutter, vend retten to gange. Del i portioner til servering.

Kedgeree med karry

Serverer 4

Engang en morgenmadsret, især forbundet med kolonitiden i Indien omkring århundredeskiftet, serveres kedgeree nu oftere til frokost.

350 g/12 oz røget kuller eller torskefilet
60 ml/4 spsk koldt vand
50 g/2 oz/¼ kop smør eller margarine
225 g/8 oz/1 kop basmatiris
15 ml/1 spsk mild karrypulver
600 ml/1 pt/2½ kopper kogende vand
3 hårdkogte (hårdkogte) æg
150 ml/¼ pt/2/3 kop enkelt (let) creme
15 ml/1 spsk hakket persille
Salt og friskkværnet sort peber
Persillekviste, til pynt

Læg fisken i et lavt fad med koldt vand. Dæk med husholdningsfilm (plastikfolie) og skær den to gange for at lade damp slippe ud. Kog på fuld i 5 minutter. Dræne. Flæk kødet med to gafler, fjern skind og ben. Læg smørret eller margarinen i et rundt 1,75 liter/3 pt/7½ kop varmefast serveringsfad og smelt ved optøning i 1½-2 minutter. Rør ris, karry og kogende vand i. Dæk som før og kog på fuld i 15 minutter. Hak to af æggene og rør i retten med fisk, fløde og persille, smag til. Gaffel rundt, dæk med en omvendt tallerken og genopvarm på fuld i 5 minutter. Skær det resterende æg i skiver. Tag fadet ud af mikrobølgeovnen og pynt med de snittede æg og persillekviste.

Kedgeree med røget laks

Serverer 4

Forbered som til Kedgeree med karry, men erstat 225 g/8 oz røget laks (lox), skåret i strimler, med den røgede kuller eller torsk. Røget laks behøver ikke forkogning.

Røget fiskequiche

Serverer 6

175 g/6 oz mørdej (grundlæggende tærtebund)

1 æggeblomme, pisket

125 g/4 oz røget fisk såsom makrel, kuller, torsk eller ørred, kogt og i flager

3 æg

150 ml/¼ pt/2/3 kop syrnet (mejerisyre) fløde

30 ml/2 spsk mayonnaise

Salt og friskkværnet sort peber

75 g/3 oz/¾ kop cheddarost, revet

Paprika

Blandet salat

Smør et riflet 20 cm/8 i diameter glas- eller porcelænsfad let med smør. Rul dejen ud og brug den til at beklæde det smurte fad. Prik godt over det hele, især hvor siden møder bunden. Kog uden låg på fuld i 6 minutter, vend retten to gange. Hvis der opstår buler, skal du trykke ned med fingrene beskyttet af ovnhandsker. Pensl indersiden af kageformen (tærteskallen) med æggeblommen. Kog på fuld i 1 minut for at tætne eventuelle huller. Fjern fra ovnen. Dæk bunden med fisken. Pisk æggene med fløde og mayonnaise, krydr efter smag. Hæld i quichen og drys med ost og paprika. Kog uden låg på fuld i 8 minutter. Serveres lun med salat.

Louisiana reje Gumbo

Serverer 8

3 løg, hakket

2 fed hvidløg

3 selleristængler, finthakket

1 grøn peberfrugt, kernet og finthakket

50 g/2 oz/¼ kop smør

60 ml/4 spsk almindeligt (all-purpose) mel

900 ml/1½ pt/3¾ kopper varm grøntsags- eller hønsefond

350 g/12 oz okra (dame fingre), toppet og hale

15 ml/1 spsk salt

10 ml/2 tsk stødt koriander (koriander)

5 ml/1 tsk gurkemeje

2,5 ml/½ tsk stødt allehånde

30 ml/2 spsk citronsaft

2 laurbærblade

5–10 ml/1–2 tsk Tabasco sauce

450 g/1 lb/4 kopper kogte pillede rejer (rejer), optøet, hvis de er frosne

350 g/12 oz/1½ kopper langkornet ris, kogt

Læg løgene i en 2,5 liters/4½ pt/11 kop skål. Knus hvidløget over toppen. Tilsæt selleri og grøn peber. Smelt smørret på fuld i 2 minutter. Rør melet i. Kog uden låg på fuld i 5-7 minutter, omrør fire gange og hold øje med det, hvis det brænder på, indtil blandingen er en lys kiksfarvet roux. Bland gradvist i fonden. Sæt til side. Skær okraen i stykker og tilsæt til grøntsagerne med alle de resterende ingredienser undtagen Tabasco og rejer, men inklusive roux-blandingen. Dæk med husholdningsfilm (plastikfolie) og skær den to gange for at lade damp slippe ud. Kog på fuld i 25 minutter. Lad stå i 5 minutter. Rør Tabasco og rejer i. Hæld i opvarmede dybe skåle og tilsæt en bunke friskkogte ris til hver. Spis med det samme.

Havtaske Gumbo

Serverer 8

Forbered som for Louisiana Prawn Gumbo, men udskift rejerne (rejer) med den samme vægt af udbenet havtaske, skåret i strimler. Dæk med husholdningsfilm (plastikfolie) og kog på fuld i 4 minutter, før de overføres til serveringsskåle.

Blandet Fisk Gumbo

Serverer 8

Forbered som til Louisiana Prawn Gumbo, men udskift diverse fiskefileter i tern med rejerne (rejer).

Ørred med mandler

Serverer 4

50 g/2 oz/¼ kop smør
15 ml/1 spsk citronsaft
4 mellemstore ørreder
50 g/2 oz/½ kop mandler i flager, ristede
Salt og friskkværnet sort peber
4 citronbåde
Persillekviste

Smelt smørret ved optøning i 1½ minut. Rør citronsaften i. Læg ørrederne fra hoved til hale i et smurt 25 3 20 cm/10 3 8 fad. Overtræk fisken med smørblandingen og drys med mandler og krydderier. Dæk med husholdningsfilm (plastikfolie) og skær den to gange for at lade damp slippe ud. Kog på fuld i 9-12 minutter, vend retten to gange. Lad stå i 5 minutter. Overfør til fire opvarmede tallerkener. Hæld kogevæsken over og pynt med citronbåde og persillekviste.

Provençale rejer

Serverer 4

225 g/8 oz/1 kop lettilberedte langkornede ris
600 ml/1 pt/2½ kopper varm fisk eller hønsefond
5 ml/1 tsk salt
15 ml/1 spsk olivenolie
1 løg, revet
1-2 fed hvidløg, knust
6 store meget modne tomater, blancheret, flået og hakket
15 ml/1 spsk hakkede basilikumblade
5 ml/1 tsk mørkt blødt brun farin
450 g/1 lb/4 kopper frosne pillede rejer (rejer), uoptøede
Salt og friskkværnet sort peber
Hakket persille

Læg risene i et fad på 2 liter/3½ pt/8½ kop. Rør den varme bouillon og salt i. Dæk med husholdningsfilm (plastikfolie) og skær den to gange for at lade damp slippe ud. Kog på fuld i 16 minutter. Lad det stå i 8 minutter, så risene absorberer al væden. Hæld olien i et serveringsfad på 1,75 liter/3 pt/7½ kop. Varm, utildækket, på fuld i 1½ minut. Rør løg og hvidløg i. Kog uden låg på fuld i 3 minutter under omrøring to gange. Tilsæt tomaterne med basilikum og sukker. Dæk med en tallerken og kog på fuld i 5 minutter, omrør to gange. Bland de frosne rejer og krydderier efter smag. Dæk som før og kog på fuld i 4 minutter, og adskil derefter forsigtigt rejerne. Læg låg på igen og kog på fuld i yderligere 3 minutter. Lad stå. Dæk risene med en tallerken og opvarm dem igen ved optøning i 5-6 minutter. Hæld på fire varme tallerkener og top med fiske- og tomatblandingen. Drys med persille og server varm.

Rødspætter i sellerisauce med ristede mandler

Serverer 4

8 rødspættefileter, totalvægt ca. 1 kg/2¼ lb
300 ml/10 fl oz/1 dåse kondenseret creme af selleri suppe
150 m/¼ pt/2/3 kop kogende vand
15 ml/1 spsk finthakket persille
30 ml/2 spsk mandler i flager, ristede

Rul fiskefileterne op fra hoved til hale, skindsiderne indeni. Arranger rundt om kanten af et dybt 25 cm/10 i diameter smørret fad. Pisk forsigtigt suppe og vand sammen og rør persillen i. Hæld over fisken. Dæk fadet med husholdningsfilm (plastfolie) og skær det to gange, så dampen kan slippe ud. Kog på fuld i 12 minutter, vend retten to gange. Lad stå i 5 minutter. Kog på fuld i yderligere 6 minutter. Hæld på varme tallerkener og server, drysset med mandlerne.

Fileter i tomatsauce med merian

Serverer 4

Forbered som for rødspætte i sellerisauce med ristede mandler, men sæt selleri i stedet for kondenseret tomatsuppe og 2,5 ml/½ tsk tørret merian med persillen.

Fileter i svampesauce med brøndkarse

Serverer 4

Tilbered som for rødspætte i sellerisauce med ristede mandler, men sæt selleri i stedet for kondenseret svampesuppe og 30 ml/2 spsk hakket brøndkarse med persillen.

Hashed torsk med pocheret æg

Serverer 4

Dette blev fundet i en håndskrevet notesbog fra det nittende århundrede, som tilhørte en gammel vens bedstemor.

675 g/1½ lb flået torskefilet

10 ml/2 tsk smeltet smør eller margarine eller solsikkeolie

Paprika

Salt og friskkværnet sort peber

50 g/2 oz/¼ kop smør eller margarine

8 store forårsløg (spidskål), trimmet og hakket

350 g/12 oz kolde kogte kartofler, skåret i tern

150 ml/¼ pt/2/3 kop enkelt (let) creme

5 ml/1 tsk salt

4 æg

175 ml/6 fl oz/¾ kop varmt vand

5 ml/1 tsk eddike

Anret fisken i et lavt fad. Pensl med noget af det smeltede smør eller margarine eller olie. Smag til med paprika, salt og peber. Dæk med husholdningsfilm (plastikfolie) og skær den to gange for at lade damp slippe ud. Kog ved optøning i 14-16 minutter. Flæk fisken med to gafler, fjern benene. Kom det resterende smør, margarine eller olie i en 20 cm/8 i diameter ildfast fad (hollandsk ovn). Varm, utildækket, ved afrimning i 1½ –2 minutter. Bland løgene i. Dæk med en tallerken og kog på fuld i 5 minutter. Rør fisken i med kartofler, fløde og salt. Dæk som før og opvarm på fuld i 5-7 minutter, indtil det er meget varmt, omrør en eller to gange. Hold dig varm. For at pochere æggene skal du forsigtigt bryde to i et lille fad og tilsætte halvdelen af vandet og halvdelen af eddiken. Prik æggeblommerne med spidsen af en kniv. Dæk med en tallerken og kog på fuld i 2 minutter. Lad stå i 1 minut. Gentag med de resterende æg, varmt vand og eddike. Hæld portioner af hashen på fire opvarmede tallerkener og top hver med et æg.

Kuller og grøntsager i cidersauce

Serverer 4

50 g/2 oz/¼ kop smør eller margarine

1 løg, skåret i tynde skiver og delt i ringe

3 gulerødder, skåret i tynde skiver

50 g/2 oz knapsvampe, skåret i skiver

4 stykker fileteret og flået kuller eller anden hvid fisk

5 ml/1 tsk salt

150 ml/¼ pt/2/3 kopper mellemsød cider

10 ml/2 tsk majsmel (majsstivelse)

15 ml/1 spsk koldt vand

Kom halvdelen af smørret eller margarinen i et dybt fad på 20 cm/8 i diameter. Smelt uden låg ved afrimning i ca. 1½ minut. Tilsæt løg, gulerødder og champignon. Arranger fisken ovenpå. Drys med saltet. Hæld forsigtigt cideren over fisken. Prik med det resterende smør eller margarine. Dæk med husholdningsfilm (plastikfolie) og skær den to gange for at lade damp slippe ud. Kog på fuld i 8 minutter. I en glaskande blendes majsmelet jævnt med det kolde vand og forsigtigt sigtes fiskeluden i. Kog, uden låg, på fuld i 2½ minut, indtil det er tyknet, pisk hvert minut. Hæld over fisk og grøntsager. Hæld på opvarmede tallerkener og spis med det samme.

Seaside Pie

Serverer 4

Til toppingen:

700 g/1½ lb melede kartofler, skrællet vægt

75 ml/5 spsk kogende vand

15 ml/1 spsk smør eller margarine

75 ml/5 spsk mælk eller enkelt (let) fløde

Salt og friskkværnet peber

Revet muskatnød

Til saucen:

300 ml/½ pt/1¼ kopper kold mælk

30 ml/2 spsk smør eller margarine

20 ml/4 tsk almindeligt (all-purpose) mel

75 ml/5 spsk rød Leicester eller farvet Cheddar ost, revet

5 ml/1 tsk fuldkornssennep

5 ml/1 tsk Worcestershire sauce

Til fiskeblandingen:

450 g/1 lb flået hvid fiskefilet, ved køkkentemperatur

Smeltet smør eller margarine

Paprika

60 ml/4 spsk rød Leicester eller farvet Cheddar ost, revet

For at lave toppingen skal du vaske og skrælle kartoflerne og skære dem i store tern. Kom i et fad på 1,5 liter/2½ pt/6 kop med kogende vand. Dæk med husholdningsfilm (plastikfolie) og skær den to gange for at lade damp slippe ud. Kog på fuld i 15 minutter, vend retten to gange. Lad stå i 5 minutter. Dræn og mos grundigt med smør eller margarine og mælk eller fløde, pisk til det er luftigt. Smag til med salt, peber og muskatnød.

For at lave saucen opvarmes mælken uden låg på fuld i 1½ minut. Sæt til side. Smelt smørret eller margarinen uden låg ved optøning i 1-1½ minut. Rør melet i. Kog uden låg på fuld i 30 sekunder. Bland gradvist mælken i. Kog på fuld i cirka 4 minutter, pisk hvert minut for at sikre glat, indtil saucen er tyknet. Rør osten i med de resterende ingredienser til saucen.

For at lave fiskeblandingen, anbring fileterne i et lavt fad og pensl med smeltet smør eller margarine. Smag til med paprika, salt og peber. Dæk med husholdningsfilm (plastikfolie) og skær den to gange for at lade damp slippe ud. Kog på fuld i 5-6 minutter. Flæk fisken med to gafler, fjern eventuelle ben. Overfør til et smurt 1,75 liter/3 pt/7½ kop fad. Bland saucen i. Dæk med kartoflerne og drys med ost og ekstra paprika. Genopvarm, utildækket, på fuld i 6-7 minutter.

Smoky Fish Toppers

Serverer 2

2 frosne røget kuller portioner, 175 g/6 oz hver
Friskkværnet sort peber

1 lille courgette (zucchini), skåret i skiver
1 lille løg, skåret i tynde skiver
2 tomater, blancheret, flået og hakket
½ rød peberfrugt, frøet og skåret i strimler
15 ml/1 spsk klippet purløg

Anret fisken i et dybt fad på 18 cm/7 i diameter. Smag til med peber. Dæk med husholdningsfilm (plastikfolie) og skær den to gange for at lade damp slippe ud. Kog på fuld i 8 minutter. Hæld saften over fisken, og lad den stå i 1 minut. Læg grøntsagerne i et andet mellemstort ildfast fad (hollandsk ovn). Dæk med en tallerken og kog på fuld i 5 minutter under omrøring én gang. Hæld grøntsagerne over fisken. Dæk som før og kog på fuld i 2 minutter. Drys med purløg og server.

Coley-fileter med porre og citronmarmelade

Serverer 2

Et off-beat arrangement fra Edinburghs Sea Fish Authority, som også donerede de næste tre opskrifter.

15 ml/1 spsk smør
1 fed hvidløg, pillet og knust

1 porre, skåret og skåret i tynde skiver
2 coley-fileter, 175 g/6 oz hver, flået
Saft af ½ citron
10 ml/2 tsk citronmarmelade
Salt og friskkværnet sort peber

Læg smør, hvidløg og porre i et dybt fad på 18 cm/7 i diameter. Dæk med husholdningsfilm (plastikfolie) og skær den to gange for at lade damp slippe ud. Kog på fuld i 2½ minut. Afdække. Anret fileterne ovenpå og drys halvdelen af citronsaften over. Dæk som før og kog på fuld i 7 minutter. Overfør fisken til to opvarmede tallerkener og hold den varm. Bland den resterende citronsaft, marmeladen og krydderier i fiskesaft og porre. Dæk med en tallerken og kog på fuld i 1½ minut. Hæld over fisken og server.

Havfisk i en jakke

Serverer 4

4 bagekartofler, skrællede men godt skrubbede
450 g/1 lb hvid fiskefilet, flået og skåret i tern
45 ml/3 spsk smør eller margarine
3 forårsløg (spidskål), trimmet og hakket

30 ml/2 spsk fuldkornssennep

1,5 ml/¼ tsk paprika plus ekstra til aftørring

30–45 ml/2–3 spsk almindelig yoghurt

Salt

Stil kartoflerne direkte på drejetallerkenen, dæk med køkkenpapir og kog på fuld i 16 minutter. Pak ind i et rent viskestykke (karklud) og stil til side. Læg fisken i et 18 cm/7 i diameter ildfast fad (hollandsk ovn) med smør eller margarine, forårsløg, sennep og paprika. Dæk med en tallerken og kog på fuld i 7 minutter, omrør to gange. Lad stå i 2 minutter. Bland yoghurt og salt i efter smag. Skær et kryds på toppen af hver kartoffel og pres forsigtigt for at åbne ud. Fyld med fiskeblandingen, drys med paprika og spis varmt.

Svensk torsk med smeltet smør og æg

Serverer 4

300 ml/½ pt/1¼ kopper koldt vand

3 hele nelliker

5 enebær

1 laurbærblad, smuldret

2,5 ml/½ tsk blandet syltningskrydderi

1 løg i kvarte

10 ml/2 tsk salt

4 mellemskårne friske torskebøffer, 225 g/8 oz hver

75 g/3 oz/2/3 kop smør

2 hårdkogte (hårdtkogte) æg (side 98-9), afskallede og hakkede

Kom vand, nelliker, enebær, laurbærblad, syltning, løgfjerdinger og salt i en glaskande. Dæk med husholdningsfilm (plastikfolie) og skær den to gange for at lade damp slippe ud. Kog på fuld i 15 minutter. Stamme. Læg fisken i et dybt fad på 25 cm/10 i diameter og hæld den filtrede væske i. Dæk med husholdningsfilm og skær den to gange for at lade damp slippe ud. Kog på fuld i 10 minutter, vend retten to gange. Overfør fisken til et opvarmet fad, brug en fiskeskive, og hold den varm. Smelt smørret uden låg ved afrimning i 2 minutter. Hæld over fisken. Drys med de hakkede æg og server.

Fisk og skaldyr Stroganoff

Serverer 4

30 ml/2 spsk smør eller margarine

1 fed hvidløg, knust

1 løg, skåret i skiver

125 g/4 oz knapsvampe

700 g/1½ lb hvid fiskefilet, flået og skåret i tern
150 ml/¼ pt/2/3 kop syrnet (mejerisyre) fløde eller creme fraîche
Salt og friskkværnet sort peber
30 ml/2 spsk hakket persille

Placer smørret eller margarinen i en 20 cm/8 i diameter ildfast fad (hollandsk ovn). Smelt, afdækket, ved afrimning i 2 minutter. Tilsæt hvidløg, løg og svampe. Dæk med husholdningsfilm (plastikfolie) og skær den to gange for at lade damp slippe ud. Kog på fuld i 3 minutter. Tilsæt fisketerningerne. Dæk som før og kog på fuld i 8 minutter. Rør fløden i og smag til med salt og peber. Dæk igen og kog på fuld i 1½ minut. Server drysset med persillen.

Frisk tun Stroganoff

Serverer 4

Forbered som til Seafood Stroganoff, men erstat den hvide fisk med meget frisk tun.

Hvid fisk Ragout Supreme

Serverer 4

30 ml/2 spsk smør eller margarine

1 løg, hakket

2 gulerødder, fint skåret

6 selleristængler, skåret i tynde skiver

150 ml/¼ pt/2/3 kop hvidvin

400 g/14 oz flået torske- eller kullerfilet, i tern

10 ml/2 tsk majsmel (majsstivelse)

90 ml/6 spsk enkelt (let) creme

150 ml/¼ pt/2/3 kop grøntsagsfond

Salt og friskkværnet sort peber

2,5 ml/½ tsk ansjos essens (ekstrakt) eller Worcestershire sauce

30 ml/2 spsk hakket dild (dildukrudt)

300 ml/½ pt/1 ¼ kopper piskefløde

2 æggeblommer

Placer smørret eller margarinen i en 20 cm/8 i diameter ildfast fad (hollandsk ovn). Varm, utildækket, på fuld i 2 minutter. Tilsæt grøntsagerne og vinen. Dæk med husholdningsfilm (plastikfolie) og skær den to gange for at lade damp slippe ud. Kog på fuld i 5 minutter. Lad stå i 3 minutter. Tilsæt fisken til grøntsagerne. Blend majsmelet glat med cremen, og bland derefter fonden i. Smag til med salt, peber og ansjos-essensen eller Worcestershire-sauce. Hæld over fisken. Dæk som før og kog på fuld i 8 minutter. Bland dilden i, pisk derefter fløde og æggeblommer sammen og rør i fiskeblandingen. Dæk som før og kog ved optøning i 3 minutter.

Laksemousse

Serverer 8

*30 ml/2 spsk pulveriseret gelatine
150 ml/¼ pt/2/3 kop koldt vand
418 g/15 oz/1 stor dåse rød laks
150 ml/¼ pt/2/3 kop cremet mayonnaise
15 ml/1 spsk mild lavet sennep
10 ml/2 tsk Worcestershire sauce
30 ml/2 spsk frugtchutney, hakket evt*

Saft af ½ stor citron
2 store æggehvider
En knivspids salt
Karse, agurkeskiver, grøntsalat og skiver frisk lime til pynt

Rør gelatinen ud i 75 ml/5 spsk af det kolde vand og lad det stå i 5 minutter for at blive blødt. Smelt uden låg ved afrimning i 2½-3 minutter. Rør igen og bland det resterende vand i. Hæld indholdet af dåsen med laks i en ret stor skål og flig med en gaffel, fjern eventuel skind og knogler, og mos derefter nogenlunde fint. Bland den smeltede gelatine, mayonnaise, sennep, Worcestershire sauce, chutney og citronsaft i. Dæk til og afkøl indtil lige begynder at tykne og sæt rundt om kanterne. Pisk æggehviderne til stive toppe. Pisk en tredjedel i den stivnede lakseblanding med saltet. Fold de resterende æggehvider i, og overfør blandingen til en 1,5 liter/2½ pt/6 kopper ringform, først skyllet med koldt vand. Dæk med husholdningsfilm (plastfolie) og stil på køl i 8 timer, indtil den er fast. Inden servering, dyp hurtigt formen op til kanten i og ud af koldt vand for at løsne sig. Kør en våd kniv forsigtigt rundt om siderne, og vend derefter på et stort fugtet serveringsfad. (Befugtningen stopper geléen ved at sætte sig.) Pynt smukt med masser af karse, agurkeskiver, grøntsalat og limeskiver.

Dieters' Laksemousse

Serverer 8

Tilbered som til laksemousse, men erstat mayonnaisen fra fromage frais eller kvark.

Krabbe Mornay

Serverer 4

300 ml/½ pt/1¼ kopper fuldflødemælk
10 ml/2 tsk blandet syltningskrydderi
1 lille løg, skåret i 8 tern

2 persillekviste

En knivspids muskatnød

30 ml/2 spsk smør

30 ml/2 spsk almindeligt (all-purpose) mel

Salt og friskkværnet sort peber

75 g/3 oz/¾ kop Gruyère (schweizer) ost, revet

5 ml/1 tsk kontinental sennep

350 g/12 oz tilberedt lyst og mørkt krabbekød

Toast skiver

Hæld mælken i en glas- eller plastikkande og rør syltningskrydderi, løgbåde, persille og muskatnød i. Dæk med en tallerken og varm på Fuld i 5-6 minutter, indtil mælken lige begynder at ryste. Stamme. Kom smørret i en 1,5 liters/2½ pt/6 kop skål og smelt ved optøning i 1½ minut. Bland melet i. Kog på fuld i 30 sekunder. Blend gradvist den varme mælk i. Kog på fuld i cirka 4 minutter, pisk hvert minut, indtil saucen koger op og tykner. Smag til med salt og peber og rør ost og sennep i. Kog på fuld i 30 sekunder eller indtil osten smelter. Rør krabbekødet i. Dæk med en tallerken og opvarm på fuld i 2-3 minutter. Server på frisklavet toast.

Tun Mornay

Serverer 4

Forbered som til Crab Mornay, men erstat tun på dåse i olie med krabbekødet. Flæk kødet med to gafler og tilsæt saucen med olien fra dåsen.

Rød laks Mornay

Serverer 4

Forbered som til Crab Mornay, men udskift dåse rød laks, drænet og flaget, med krabbekødet.

Skaldyr og valnød Combo

Serverer 4

45 ml/3 spsk olivenolie
1 løg, hakket
2 gulerødder, skåret i skiver
2 selleristængler, skåret i tynde skiver
1 rød peberfrugt, frøet og skåret i strimler
1 grøn peberfrugt, frøet og skåret i strimler
1 lille courgette (zucchini), skåret i tynde skiver
250 ml/8 fl oz/1 kop hvidvin
En knivspids blandet krydderi
300 ml/½ pt/1¼ kopper fiske- eller grøntsagsfond

450 g/1 lb modne tomater, blancheret, flået og hakket

125 g/4 oz blæksprutteringe

400 g/14 oz rødspætte- eller citrontungefilet, skåret i firkanter

125 g/4 oz kogte muslinger

4 store kogte rejer (rejer)

50 g/2 oz/½ kop valnøddehalvdele eller stykker

50 g/2 oz/1/3 kop sultanas (gyldne rosiner)

Et skvæt sherry

Salt og friskkværnet sort peber

Saft af 1 citron

30 ml/2 spsk hakket persille

Opvarm olien i en 2,5 liters/4½ pt/11 kop ildfast fad (hollandsk ovn) på fuld i 2 minutter. Tilsæt alle grøntsagerne. Kog uden låg på fuld i 5 minutter under omrøring to gange. Tilsæt vin, krydderi, bouillon og tomater med alle fisk og skaldyr. Dæk med husholdningsfilm (plastikfolie) og skær den to gange for at lade damp slippe ud. Kog på fuld i 10 minutter. Rør alle de resterende ingredienser i undtagen persillen. Dæk som før og kog på fuld i 4 minutter. Afdæk, drys med persillen og server med det samme.

Laksering med dild

Serverer 8-10

125 g/4 oz/3½ skiver hvidt brød med løs tekstur
900 g/2 lb flået frisk laksefilet, i tern
10 ml/2 tsk ansjossauce på flaske
5–7,5 ml/1–1½ tsk salt
1 fed hvidløg, knust
4 store æg, pisket
25 g/1 oz frisk dild (dildukrudt)
Hvid peber

Smør et dybt fad på 23 cm/9 i diameter let. Smuldr brødet i en foodprocessor. Tilsæt alle resterende ingredienser. Pulser maskinen, indtil blandingen netop er blandet og fisken groft hakket. Undgå overblanding, ellers bliver blandingen tung og tæt. Fordel jævnt i det tilberedte fad og skub en babymarmelade (konserver) krukke eller ligesidet æggekop ind i midten, så blandingen danner en ring. Dæk med husholdningsfilm (plastikfolie) og skær den to gange for at lade damp slippe ud. Kog på fuld i 15 minutter, vend retten to gange. (Ringen vil krympe væk fra siden af fadet.) Lad stå, indtil den er afkølet, læg derefter låg på og afkøl. Skær i tern og server. Rester kan bruges i sandwich.

Blandet fiskering med persille

Serverer 8-10

Forbered som til Laksering med dild, men udskift laksen med en blanding af flået frisk laksefilet, helleflynder og kuller og 45 ml/3 spsk hakket persille med dild.

Torskegryde med bacon og tomater

Serverer 6

30 ml/2 spsk smør eller margarine

225 g/8 oz gammon, groft hakket

2 løg, skåret i skiver

1 stor grøn peberfrugt, frøet og skåret i strimler

2 3 400 g/2 3 14 oz/2 store dåse tomater

15 ml/1 spsk mild kontinental sennep

45 ml/3 spsk Cointreau eller Grand Marnier

Salt og friskkværnet sort peber

700 g/1½ lb flået torskefilet, i tern

2 fed hvidløg, knust

60 ml/4 spsk ristede brune rasp

15 ml/1 spsk jordnødde (peanut) eller solsikkeolie

Kom smørret eller margarinen i en 2 liters/3½ pt/8½ kop ildfast fad (hollandsk ovn). Varm, utildækket, på fuld i 1½ minut. Bland gammon, løg og peber i. Kog uden låg ved optøning i 10 minutter under omrøring to gange. Fjern fra mikrobølgeovnen. Arbejd tomaterne i, bryd dem ned med en gaffel, og rør sennep, likør og krydderier i. Dæk med husholdningsfilm (plastikfolie) og skær den to gange for at lade damp slippe ud. Kog på fuld i 6 minutter. Tilsæt fisk og hvidløg. Dæk som før og kog på medium i 10 minutter. Drys med brødkrummer og dryp olien over toppen. Varm, utildækket, på fuld i 1 minut.

Slimmers' fiskegryde

Serverer 2

Med en varm jalapenosauce og assertivt krydret kan du nyde denne luksus fiskefest med sprødt franskbrød og rustik rødvin.

2 løg, groft hakket
2 fed hvidløg, knust
15 ml/1 spsk olivenolie
400 g/14 oz/1 stor dåse hakkede tomater
200 ml/7 fl oz/små 1 kop rosévin
15 ml/1 spsk Pernod eller Ricard (pastis)
10 ml/2 tsk jalapenosauce
2,5 ml/½ tsk varm pebersauce
10 ml/2 tsk garam masala
1 laurbærblad

2,5 ml/½ tsk tørret oregano

2,5-5 ml/½-1 tsk salt

225 g havtaske eller flået helleflynder, skåret i strimler

12 store kogte rejer (rejer)

2 store kammuslinger, skåret i strimler

30 ml/2 spsk hakket koriander (koriander), til pynt

Læg løg, hvidløg og olie i en 2 liters/3½ pt/8½ kop ildfast fad (hollandsk ovn). Dæk med en tallerken og kog på fuld i 3 minutter. Bland de resterende ingredienser i undtagen fisk, skaldyr og koriander. Dæk som før og kog på fuld i 6 minutter under omrøring tre gange. Bland havtaske eller hellefisk i. Dæk som før og kog ved optøning i 4 minutter, indtil fisken hvidner. Rør rejer og kammuslinger i. Dæk som før og kog ved optøning i 1½ minut. Rør rundt, hæld dem i dybe tallerkener og drys hver med koriander. Server med det samme.

Stegt kylling

Kylling i mikrobølgeovn kan være saftig og smagfuldt, hvis den behandles med en passende baste og efterlades uden fyld.

1 ovnklar kylling, størrelse efter behov

Til basten:

25 g/1 oz/2 spsk smør eller margarine

5 ml/1 tsk paprika

5 ml/1 tsk Worcestershire sauce

5 ml/1 tsk sojasovs

2,5 ml/½ tsk hvidløgssalt eller 5 ml/1 tsk hvidløgspasta

5 ml/1 tsk tomatpuré (pasta)

Stil den vaskede og tørrede kylling i et fad, der er stort nok til at holde det komfortabelt og også til at passe til mikrobølgeovnen. (Det behøver ikke være dybt.) For at lave basten, smelt smørret eller margarinen på Fuld i 30-60 sekunder. Rør de resterende ingredienser i og hæld over kyllingen. Dæk med husholdningsfilm (plastikfolie) og skær den to gange for at lade damp slippe ud. Kog på fuld i 8 minutter pr. 450 g/1 lb, vend retten hvert 5. minut. Sluk for mikrobølgeovnen halvvejs gennem tilberedningen og lad fuglen stå inde i 10 minutter, og fuldfør derefter tilberedningen. Lad stå i yderligere 5 minutter. Overfør til et udskæringsbræt, dæk med folie og lad det stå i 5 minutter før udskæring.

Glaseret stegt kylling

Forbered som til stegt kylling, men tilsæt 5 ml/1 tsk sort sirup (melasse), 10 ml/2 tsk brun farin, 5 ml/1 tsk citronsaft og 5 ml/1 tsk brun sauce til basten. Tillad yderligere 30 sekunders tilberedningstid.

Tex-mex kylling

Forbered som til stegt kylling. Efter tilberedning, del fuglen i portioner og læg den i et rent fad. Overtræk med købt salsa, medium til varm efter smag. Drys med 225 g/8 oz/2 kopper revet cheddarost. Genopvarm, uden låg, ved optøning i ca. 4 minutter, indtil osten smelter og bobler. Server med refried bønner på dåse og skiver af avocado drysset med citronsaft.

Kroning Kylling

1 stegt kylling

45 ml/3 spsk hvidvin

30 ml/2 spsk tomatpuré (pasta)

30 ml/2 spsk mango chutney

30 ml/2 spsk sigtet (sigtet) abrikosmarmelade (konserver)

30 ml/2 spsk vand

Saft af ½ citron

10 ml/2 tsk mild karrypasta

10 ml/2 tsk sherry

300 ml/½ pt/1 ¼ kopper tyk mayonnaise

60 ml/4 spsk flødeskum

225 g/8 oz/1 kop langkornet ris, kogt

Brøndkarse

Følg opskriften på stegt kylling, inklusive basten. Efter tilberedning fjernes kødet fra benene og skæres i mundrette stykker. Kom i en røreskål. Hæld vinen i et fad og tilsæt tomatpuré, chutney, marmelade, vand og citronsaft. Varm, utildækket, på fuld i 1 minut. Lad afkøle. Arbejd karrypasta, sherry og mayonnaise i og vend cremen i. Kombiner med kyllingen. Anret en risseng på et stort fad og hæld kyllingeblandingen over. Pynt med brøndkarse.

Kylling Veronique

1 stegt kylling

1 løg, fint revet

25 g/1 oz/2 spsk smør eller margarine

150 ml/¼ pt/2/3 kop creme fraîche

30 ml/2 spsk hvid portvin eller mellemtør sherry

60 ml/4 spsk tyk mayonnaise

10 ml/2 tsk lavet sennep

5 ml/1 tsk tomatketchup (catsup)

1 lille selleristængel, hakket

75 g/3 oz grønne druer uden kerner

Små klaser af grønne eller røde druer uden kerner, til pynt

Følg opskriften på stegt kylling, inklusive basten. Efter tilberedning fjernes kødet fra benene og skæres i mundrette stykker. Kom i en røreskål. Kom løget i en lille skål med smør eller margarine og kog uden låg på fuld i 2 minutter. I en tredje skål piskes creme fraîche, portvin eller sherry, mayonnaise, sennep, tomatketchup og selleri sammen. Vend ind i kyllingen med det kogte løg og druerne. Hæld pænt i et serveringsfad og pynt med drueklaser.

Kylling i eddikesauce med estragon

Tilpasset efter en opskrift opdaget i en toprestaurant i Lyons, Frankrig, i begyndelsen af halvfjerdserne.

1 stegt kylling
25 g/1 oz/2 spsk smør eller margarine
30 ml/2 spsk majsmel (majsstivelse)
15 ml/1 spsk tomatpuré (pasta)
45 ml/3 spsk dobbelt (tung) creme
45 ml/3 spsk malteddike
Salt og friskkværnet sort peber

Følg opskriften på stegt kylling, inklusive basten. Skær den kogte fugl i seks portioner, dæk med folie og hold den varm på en tallerken. For at lave saucen skal du hælde kyllingesaften i en målekande og fylde op til 250 ml/1 kop med varmt vand. Kom smørret eller margarinen i et separat fad og opvarm uden låg på fuld i 1 minut. Rør majsmel, tomatpuré, fløde og eddike i, og smag til med salt og friskkværnet sort peber. Bland gradvist den varme kyllingesaft i. Kog uden låg på fuld i 4-5 minutter, indtil det er tyknet og boblende, pisk hvert minut. Hæld kyllingen over og server med det samme.

Dansk stegt kylling med persillefyld

Forbered som til stegt kylling, men lav flere slidser i det ubehandlede kyllingeskind og pak med små persillekviste. Kom 25 g/1 oz/2 spsk hvidløgssmør i kropshulen. Fortsæt derefter som i opskriften.

Kylling Simla

En anglo-indisk specialitet, der hører til Rajs dage.

1 stegt kylling

15 ml/1 spsk smør

5 ml/1 tsk finthakket rod ingefær

5 ml/1 tsk hvidløgspuré (pasta)

2,5 ml/½ tsk gurkemeje

2,5 ml/½ tsk paprika

5 ml/1 tsk salt

300 ml/½ pt/1¼ kopper piskefløde

Stegte (svitserede) løgringe, hjemmelavede eller købte, til pynt

Følg opskriften på stegt kylling, inklusive basten. Efter tilberedning deles fuglen i seks stykker og holdes varm på en stor tallerken eller i et fad. Opvarm smørret i et fad på 600 ml/1 pt/2½ kop på fuld i 1 minut. Tilsæt ingefær- og hvidløgspuréen. Kog uden låg på fuld i 1½ minut. Bland gurkemeje, paprika og salt i og derefter fløden. Opvarm, uden låg, på fuld i 4-5 minutter, indtil cremen begynder at boble, og pisk mindst fire gange. Hæld over kyllingen og pynt med løgringe.

Krydret kylling med kokos og koriander

Serverer 4

En delikat krydret karryret fra det sydlige Afrika.

8 kyllingeportioner, 1,25 kg/2¾ lb i alt

45 ml/3 spsk tørret (revet) kokosnød

1 grøn chili, ca. 8 cm lang, frøet og hakket
1 fed hvidløg, knust
2 løg, revet
5 ml/1 tsk gurkemeje
5 ml/1 tsk malet ingefær
10 ml/2 tsk mildt karrypulver
90 ml/6 spsk grofthakket koriander (koriander)
150 ml/¼ pt/2/3 kop kokosmælk på dåse
125 g/4 oz/½ kop hytteost med purløg
Salt
175 g/6 oz/¾ kop langkornet ris, kogt
Chutney, til servering

Skin kyllingen. Arranger rundt om kanten af et dybt fad med en diameter på 25 cm/10, og skub stykkerne tæt sammen, så de sidder godt fast. Dæk med husholdningsfilm (plastikfolie) og skær den to gange for at lade damp slippe ud. Kog på fuld i 10 minutter, vend retten to gange. Kom kokosnødden i en skål med alle de resterende ingredienser undtagen risene. Rør grundigt. Afdæk kyllingen og overtræk med kokosblandingen. Dæk som før og kog på fuld i 10 minutter, vend retten fire gange. Server i dybe tallerkener på en bunke ris med chutney i hånden separat.

Krydret kanin

Serverer 4

Forbered som til krydret kylling med kokos og koriander, men udskift otte kaninportioner med kyllingen.

Krydret Tyrkiet

Serverer 4

Forbered som til krydret kylling med kokos og koriander, men erstat kyllingen med otte 175 g/6 oz stykker udbenet kalkunbrystfilet.

Kylling Bredie med tomater

Serverer 6

En sydafrikansk gryderet, der bruger folkets mest populære kombination af ingredienser.

30 ml/2 spsk solsikke- eller majsolie
3 løg, finthakket

1 fed hvidløg, finthakket

1 lille grøn chili, kernet og hakket

4 tomater, blancheret, flået og skåret i skiver

750 g/1½ lb udbenede kyllingebryst, skåret i små tern

5 ml/1 tsk mørkt blødt brun farin

10 ml/2 tsk tomatpuré (pasta)

7,5–10 ml/1½ –2 tsk salt

Hæld olien i et dybt fad på 25 cm/10 i diameter. Tilsæt løg, hvidløg og chili og bland det grundigt. Kog uden låg i 5 minutter. Tilsæt de resterende ingredienser til fadet og lav et lille hul i midten med en æggekop, så blandingen danner en ring. Dæk med husholdningsfilm (plastikfolie) og skær den to gange for at lade damp slippe ud. Kog på fuld i 14 minutter, vend retten fire gange. Lad stå i 5 minutter før servering.

Kinesisk rød kogt kylling

Serverer 4

En sofistikeret kinesisk gryderet, hvor kyllingen får en mahognifarve, mens den simrer i saucen. Spis med rigeligt kogte ris for at absorbere den salte saft.

6 kinesiske tørrede svampe

8 store kyllingeunderlår, 1 kg/2¼ lb i alt

1 stort løg, revet

60 ml/4 spsk finthakket konserveret ingefær

75 ml/5 spsk sød sherry

15 ml/1 spsk sort sirup (melasse)

Revet skal fra 1 mandarin eller lignende løsskallet citrusfrugt

50 ml/2 fl oz/3½ kop sojasovs

Udblød svampene i varmt vand i 30 minutter. Dræn og skær i strimler. Skær de kødfulde dele af trommestikkerne og anret rundt på kanten af et dybt fad på 25 cm/10 i diameter med de knoglede ender pegende mod midten. Dæk med husholdningsfilm (plastikfolie) og skær den to gange for at lade damp slippe ud. Kog på fuld i 12 minutter, vend retten tre gange. Bland de resterende ingredienser, inklusive svampene, og hæld kyllingen over. Dæk som før og kog på fuld i 14 minutter. Lad stå i 5 minutter før servering.

Aristokratiske kyllingevinger

Serverer 4

En århundreder gammel kinesisk opskrift, foretrukket af eliten og spist med ægnudler.

8 kinesiske tørrede svampe

6 forårsløg (spidskål), groft hakket

15 ml/1 spsk jordnøddeolie (peanut).

900 g/2 lb kyllingevinger
225 g/8 oz dåse skåret bambusskud
30 ml/2 spsk majsmel (majsstivelse)
45 ml/3 spsk kinesisk risvin eller mellemtør sherry
60 ml/4 spsk sojasovs
10 ml/2 tsk finthakket frisk ingefær

Udblød svampene i varmt vand i 30 minutter. Dræn og skær i kvarte. Kom løg og olie i et dybt fad på 25 cm/10 i diameter. Kog uden låg på fuld i 3 minutter. Rør rundt. Arranger kyllingevingerne i fadet, efterlad et lille hul i midten. Dæk med husholdningsfilm (plastikfolie) og skær den to gange for at lade damp slippe ud. Kog på fuld i 12 minutter, vend retten tre gange. Afdække. Beklæd med bambusskuddene og væsken fra dåsen og spred svampene over toppen. Blend majsmelet glat med risvinen eller sherryen. Tilsæt de resterende ingredienser. Hæld kyllingen og grøntsagerne over. Dæk som før og kog på fuld i 10-12 minutter, indtil væsken bobler. Lad stå i 5 minutter før servering.

Kylling Chow Mein

Serverer 4

½ agurk, skrællet og skåret i tern
275 g/10 oz/2½ kopper kold kogt kylling, skåret i små tern
450 g/1 lb friske blandede grøntsager til stegning

30 ml/2 spsk sojasovs

30 ml/2 spsk mellemtør sherry

5 ml/1 tsk sesamolie

2,5 ml/½ tsk salt

Kogte kinesiske nudler til servering

Læg agurken og kyllingen i et fad på 1,75 liter/3 pt/7½ kop. Bland alle de resterende ingredienser i. Dæk med en stor tallerken og kog på fuld i 10 minutter. Lad stå i 3 minutter før servering med kinesiske nudler.

Kyllingekotelet Suey

Serverer 4

Forbered som til Chicken Chow Mein, men erstat nudlerne med kogt langkornet ris.

Express marineret kinesisk kylling

Serverer 3

Autentisk smagning men hurtig som det kan være. Spis med ris eller nudler og kinesisk pickles.

6 tykke kyllingelår, ca. 750 g/1 ½ lb i alt
125 g/4 oz/1 kop majskerner, halvt optøet, hvis de er frosne
1 porre, hakket
60 ml/4 spsk købt kinesisk marinade

Læg kyllingen i en dyb skål og tilsæt de resterende ingredienser. Bland godt. Dæk til og afkøl i 4 timer. Røre rundt. Overfør til et dybt fad på 23 cm/9 i diameter, og anbring kyllingen rundt om kanten. Dæk med husholdningsfilm (plastikfolie) og skær den to gange for at lade damp slippe ud. Kog på fuld i 16 minutter, vend retten fire gange. Lad stå i 5 minutter før servering.

Hong Kong kylling med blandede grøntsager og bønnespirer

Serverer 2-3

4 kinesiske tørrede svampe
1 stort løg, hakket
1 gulerod, revet
15 ml/1 spsk jordnøddeolie (peanut).
2 fed hvidløg, knust
225 g/8 oz/2 kopper kogt kylling, skåret i strimler

275 g/10 oz bønnespirer

15 ml/1 spsk sojasovs

1,5 ml/¼ tsk sesamolie

Et godt nip cayennepeber

2,5 ml/½ tsk salt

Kogte ris eller kinesiske nudler til servering

Udblød svampene i varmt vand i 30 minutter. Dræn og skær i strimler. Læg løg, gulerod og olie i et fad på 1,75 liter/3 pt/7½ kop. Kog uden låg på fuld i 3 minutter. Rør de resterende ingredienser i. Dæk med husholdningsfilm (plastikfolie) og skær den to gange for at lade damp slippe ud. Kog på fuld i 5 minutter, vend retten tre gange. Lad stå i 5 minutter før servering med ris eller nudler.

Kylling med Golden Dragon Sauce

Serverer 4

4 store kødfulde kyllingestykker, 225 g/8 oz hver, flået

Almindelig (all-purpose) mel

1 lille løg, hakket

2 fed hvidløg, knust

30 ml/2 spsk sojasovs

30 ml/2 spsk mellemtør sherry

30 ml/2 spsk jordnøddeolie (peanut).

60 ml/4 spsk citronsaft

60 ml/4 spsk let blødt brun farin

45 ml/3 spsk smeltet og sigtet (sigtet) abrikosmarmelade (konserver)

5 ml/1 tsk malet koriander (koriander)

3-4 dråber varm pebersauce

Bønnespiresalat og kinesiske nudler til servering

Skær de tykke dele af kyllingestykkerne flere steder med en skarp kniv, drys med mel, og anret dem i et dybt fad på 25 cm/10 i diameter. Rør de resterende ingredienser grundigt sammen. Hæld over kyllingen. Dæk fadet løst med køkkenpapir og lad det marinere i køleskabet i 4-5 timer, og vend fugerne to gange. Anbring de skårne sider øverst, dæk derefter fadet med husholdningsfilm (plastfolie) og skær det to gange for at lade damp slippe ud. Kog på fuld i 22 minutter, vend retten fire gange. Server på en bund af nudler og overtræk med saft fra fad.

Ingefær kyllingevinger med salat

Serverer 4-5

1 stor cos (romaine) salat, strimlet

2,5 cm/1 i stykke rod ingefær, skåret i tynde skiver

2 fed hvidløg, knust

15 ml/1 spsk jordnøddeolie (peanut).

300 ml/½ pt/1¼ kopper kogende hønsefond

30 ml/2 spsk majsmel (majsstivelse)

2,5 ml/½ tsk fem krydderier pulver

60 ml/4 spsk koldt vand

5 ml/1 tsk sojasovs

5 ml/1 tsk salt

1 kg/2¼ lb kyllingevinger

Kogte ris eller kinesiske nudler til servering

Kom salat, ingefær, hvidløg og olie i en ret stor ildfast fad (hollandsk ovn). Dæk med en tallerken og kog på fuld i 5 minutter. Afdæk og tilsæt den kogende bouillon. Blend majsmel og fem krydderipulver glat med det kolde vand. Rør sojasovsen og salt i. Bland i salatblandingen med kyllingevingerne, vend forsigtigt, indtil det er grundigt blandet. Dæk med husholdningsfilm (plastikfolie) og skær den to gange for at lade damp slippe ud. Kog på fuld i 20 minutter, vend retten fire gange. Lad stå i 5 minutter før servering med ris eller nudler.

Bangkok kokosnød kylling

Serverer 4

Den ægte vare, lavet i mit køkken af en ung thailandsk ven.

4 delvist udbenede kyllingebryst, 175 g/6 oz hver

200 ml/7 fl oz/små 1 kop cremet kokosnød

Saft af 1 lime

30 ml/2 spsk koldt vand

2 fed hvidløg, knust

5 ml/1 tsk salt

1 stilk citrongræs, halveret på langs, eller 6 citronmelisseblade

2–6 grønne chilier eller 1,5–2,5 ml/¼–½ tsk tørret rød chilipulver

4-5 friske limeblade

20 ml/4 tsk hakket koriander (koriander)

175 g/6 oz/¾ kop langkornet ris, kogt

Arranger kyllingen rundt om kanten af et dybt fad på 20 cm/8 i diameter, efterlad et hul i midten. Dæk med husholdningsfilm (plastikfolie) og skær den to gange for at lade damp slippe ud. Kog på fuld i 6 minutter, vend retten to gange. Bland kokosfløde, limesaft og vand, og rør derefter hvidløg og salt i og hæld over kyllingen. Drys citrongræs eller citronmelisseblade på, chili efter smag og limeblade. Dæk som før og kog på fuld i 8 minutter, vend retten tre gange. Lad stå i 5 minutter. Afdæk og rør korianderen i, og server derefter med risene.

Kylling satay

Serverer 8 som forret, 4 som hovedret

Til marinaden:

30 ml/2 spsk jordnøddeolie (peanut).

30 ml/2 spsk sojasovs

1 fed hvidløg, knust

900 g/2 lb udbenet kyllingebryst, i tern

Til sataysaucen:

10 ml/2 tsk jordnøddeolie

1 løg, hakket

2 grønne chilier, hver ca. 8 cm lange, udsået og finthakket

2 fed hvidløg, knust

150 ml/¼ pt/2/3 kop kogende vand

60 ml/4 spsk knasende peanutbutter

10 ml/2 tsk vineddike

2,5 ml/½ tsk salt

175 g/6 oz/¾ kop langkornet ris, kogt (valgfrit)

For at lave marinaden, kom olien, sojasovsen og hvidløget i en røreskål og tilsæt kyllingen under omrøring, så den er dækket grundigt. Dæk til og afkøl i 4 timer om vinteren, 8 om sommeren.

For at lave saucen, hæld olien i et mellemstort fad eller skål og tilsæt løg, chili og hvidløg. Før saucen færdiggøres, trådes kyllingeterningerne på otte olierede spyd. Arranger, fire ad gangen, på en stor plade som egerne på et hjul. Kog, uden låg, på fuld i 5 minutter, vend én gang. Gentag med de resterende fire spyd. Hold dig varm. For at afslutte saucen, dæk skålen med husholdningsfilm (plastikfolie) og skær den to gange, så dampen kan slippe ud. Kog på fuld i 2 minutter. Rør kogende vand, jordnøddesmør, eddike og salt i. Kog uden låg i 3 minutter under omrøring én gang. Lad stå i 30 sekunder og server, med risene, hvis en hovedret.

Jordnøddekylling

Serverer 4

4 udbenede kyllingebryst, 175 g/6 oz hver

125 g/4 oz/½ kop glat jordnøddesmør

2,5 ml/½ tsk malet ingefær

2,5 ml/½ tsk hvidløgssalt

10 ml/2 tsk mildt karrypulver

Kinesisk hoisinsauce

Kogte kinesiske nudler til servering

Arranger kyllingen rundt om kanten af et dybt fad på 23 cm/9 i diameter, efterlad et hul i midten. Kom jordnøddesmør, ingefær, hvidløgssalt og karrypulver i et lille fad og opvarm uden låg på Fuld i 1 minut. Fordel jævnt over kyllingen, og dæk derefter let med hoisinsauce. Dæk med husholdningsfilm (plastikfolie) og skær den to gange for at lade damp slippe ud. Kog på fuld i 16 minutter, vend retten fire gange. Lad stå i 5 minutter før servering med kinesiske nudler.

Indisk kylling med yoghurt

Serverer 4

En karry uden besvær, hurtig at sammensætte. Det er fedtfattigt, så det anbefales til slankere, måske med et tilbehør med blomkål og en skive eller to snusket brød.

750 g/1½ lb flåede kyllingelår

150 ml/¼ pt/2/3 kop almindelig yoghurt

15 ml/1 spsk mælk

5 ml/1 tsk garam masala

1,5 ml/¼ tsk gurkemeje

5 ml/1 tsk malet ingefær

5 ml/1 tsk malet koriander (koriander)

5 ml/1 tsk stødt spidskommen

15 ml/1 spsk majs- eller solsikkeolie

45 ml/3 spsk varmt vand

60 ml/4 spsk grofthakket koriander, til pynt

Læg kyllingen i et dybt fad på 30 cm/12 i diameter. Pisk alle de resterende ingredienser sammen og hæld over kyllingen. Dæk til og mariner i køleskabet i 6-8 timer. Dæk med en tallerken og varm igennem på Fuld i 5 minutter. Rør kyllingen rundt. Dæk fadet med husholdningsfilm (plastfolie) og skær det to gange, så dampen kan slippe ud. Kog på fuld i 15 minutter, vend retten fire gange. Lad stå i 5 minutter. Afdæk og drys med hakket koriander inden servering.

Japansk kylling med æg

Serverer 4

100 ml/3½ fl oz/6½ spsk varm kylling eller oksefond

60 ml/4 spsk mellemtør sherry

30 ml/2 spsk teriyakisauce

15 ml/1 spsk let blødt farin

250 g/9 oz/1¼ kopper kogt kylling, skåret i strimler

4 store æg, pisket

175 g/6 oz/¾ kop langkornet ris, kogt

Hæld bouillon, sherry og teriyakisauce i et lavt fad på 18 cm/7 i diameter. Rør sukkeret i. Dæk med husholdningsfilm (plastikfolie) og skær den to gange for at lade damp slippe ud. Kog på fuld i 5 minutter. Afdæk og rør rundt. Bland kyllingen i og hæld æggene over. Kog, uden låg, på fuld i 6 minutter, vend retten tre gange. Til servering hældes risene i fire opvarmede skåle og toppes med kyllinge- og ægblandingen.

Portugisisk kyllingegryde

Serverer 4

25 g/1 oz/2 spsk smør eller margarine eller 25 ml/1½ spsk olivenolie
2 løg i kvarte
2 fed hvidløg, knust
4 kyllingestykker, 900 g/2 lb i alt
125 g/4 oz/1 kop kogt gammon, skåret i små tern
3 tomater, blancheret, flået og hakket
150 ml/¼ pt/2/3 kop tør hvidvin
10 ml/2 tsk fransk sennep

7,5-10 ml/1½-2 tsk salt

Kom smør, margarine eller olie i en 20 cm/8 i diameter ildfast fad (hollandsk ovn). Varm, utildækket, på fuld i 1 minut. Rør løg og hvidløg i. Kog uden låg på fuld i 3 minutter. Tilsæt kyllingen. Dæk med husholdningsfilm (plastikfolie) og skær den to gange for at lade damp slippe ud. Kog på fuld i 14 minutter, vend retten to gange. Bland de resterende ingredienser i. Dæk som før og kog på fuld i 6 minutter. Lad stå i 5 minutter før servering.

Krydret kyllingegryde i engelsk stil

Serverer 4

Tilbered som til portugisisk kyllingegryde, men erstat vinen med middeltør cider og tilsæt 5 kvarte syltede valnødder med de øvrige ingredienser. Tillad en ekstra 1 minuts tilberedningstid.

Gå på kompromis med Tandoori kylling

Serverer 8 som forret, 4 som hovedret

En indisk ret, der traditionelt er lavet i en lerovn eller tandoor, men denne mikroovnsversion er helt acceptabel.

8 kyllingestykker, ca. 1,25 kg/2¾ lb i alt

250 ml/8 fl oz/1 kop tyk almindelig græsk yoghurt

30 ml/2 spsk tandoori krydderiblanding

10 ml/2 tsk stødt koriander (koriander)

5 ml/1 tsk paprika

5 ml/1 tsk gurkemeje

30 ml/2 spsk citronsaft

2 fed hvidløg, knust

7,5 ml/1½ tsk salt

Indisk brød og blandet salat til servering

Skær de kødfulde dele af kyllingen flere steder. Pisk yoghurten let sammen med alle de resterende ingredienser. Anret kyllingen i et dybt fad på 25 cm/10 i diameter og beklæd med tandoori-blandingen. Dæk løst med køkkenpapir og mariner i 6 timer i køleskabet. Vend om, dryp med marinaden og stil på køl i yderligere 3-4 timer, tildækket som før. Dæk med husholdningsfilm (plastikfolie) og skær den to gange for at lade damp slippe ud. Kog på fuld i 20 minutter, vend retten fire gange. Afdæk fadet og vend kyllingen. Dæk igen med husholdningsfilm og kog på fuld i yderligere 7 minutter. Lad stå i 5 minutter før servering.

Braiseret oksekød og grøntsager

Serverer 4

30 ml/2 spsk smør eller margarine, ved køkkentemperatur

1 stort løg, revet

3 gulerødder, skåret i tynde skiver

75 g/3 oz svampe, skåret i tynde skiver

450 g/1 lb rump (spids) bøf, skåret i små tern

1 oksefond tern

15 ml/1 spsk almindeligt (all-purpose) mel

300 ml/½ pt/1 ¼ kopper varmt vand eller oksefond

Friskkværnet sort peber

5 ml/1 tsk salt

Kom smør eller margarine i en 20 cm/8 i diameter ildfast fad (hollandsk ovn). Smelt ved afrimning i 45 sekunder. Tilsæt grøntsagerne og bøffen og bland godt. Kog uden låg på fuld i 3 minutter. Smuldr bouillonterningen i og rør mel og varmt vand eller bouillon i. Flyt blandingen til kanten af fadet for at danne en ring, og efterlad et lille hul i midten. Drys med peber. Dæk med husholdningsfilm (plastikfolie) og skær den to gange for at lade damp slippe ud. Kog på fuld i 9 minutter, vend retten én gang. Lad det stå i 5 minutter, smag til med salt og server.

Oksekødsstuvning

Serverer 4

450 g/1 lb mager stewing steak, skåret i små tern
15 ml/1 spsk almindeligt (all-purpose) mel
250 g/9 oz uoptøet frossen grøntsagsgrydepakke
300 ml/½ pt/1¼ kopper kogende vand
1 oksefond tern
Friskkværnet peber
2,5-5 ml/½-1 tsk salt

Læg bøffen i en 23 cm/9 i diameter ildfast fad (hollandsk ovn), ikke for dyb. Drys med mel, og vend derefter godt til belægning. Spred løst ud i et enkelt lag. Del grøntsagerne i stykker, og arranger derefter rundt om kødet. Dæk med husholdningsfilm (plastikfolie) og skær den to gange for at lade damp slippe ud. Kog på fuld i 15 minutter, vend retten fire gange. Hæld vandet over kødet og smuldr bouillonterningen i. Smag til med peber og rør grundigt. Dæk som før, og kog derefter på fuld i 10 minutter, vend retten tre gange. Lad det stå i 5 minutter, rør derefter rundt, smag til med salt og server.

Hot-pot oksekød og grøntsager

Serverer 4

450 g/1 lb kartofler
2 gulerødder
1 stort løg
450 g/1 lb mager stewing steak, skåret i små tern
1 oksefond tern
150 ml/¼ pt/2/3 kop varmt oksekød eller grøntsagsfond
30 ml/2 spsk smør eller margarine

Skær kartofler, gulerødder og løg i gennemsigtige oblattynde skiver. Skil løgskiverne i ringe. Smør et fad på 1,75 liter/3 pt/7½ kop grundigt. Fyld med skiftevis lag af grøntsager og kød, begyndende og slutter med kartoflerne. Dæk med husholdningsfilm (plastikfolie) og skær den to gange for at lade damp slippe ud. Kog på fuld i 15 minutter, vend retten tre gange. Smuldr bouillonterningen i den varme bouillon og rør til den er opløst. Hæld forsigtigt ned langs siden af fadet, så det flyder gennem kødet og grøntsagerne. Top med flager af smør eller margarine. Dæk som før og kog på fuld i 15 minutter, vend retten tre gange. Lad stå i 5 minutter. Brun under en varm grill (slagtekyllinger), hvis det ønskes.

Oksekød karry

Serverer 4-5

En angliceret version af en medium varm karry. Server med basmatiris og sambals (tilbehør) af almindelig yoghurt, skåret agurk drysset med hakket frisk koriander (koriander) og chutney.

450 g/1 lb magert oksekød, skåret i små tern
2 løg, hakket
2 fed hvidløg, knust
15 ml/1 spsk solsikke- eller majsolie
30 ml/2 spsk varmt karrypulver
30 ml/2 spsk tomatpuré (pasta)
15 ml/1 spsk almindeligt (all-purpose) mel
4 grønne kardemommebælg
15 ml/1 spsk garam masala
450 ml/¾ pt/2 kopper varmt vand
5 ml/1 tsk salt

Læg kødet i et enkelt lag i et dybt fad på 25 cm/10 i diameter. Dæk med en tallerken og kog på fuld i 15 minutter, omrør to gange. Imens steges (svitses) løg og hvidløg konventionelt i olien i en stegepande (gryde) ved middel varme, indtil de er lysegyldne. Rør karrypulver, tomatpuré, mel, kardemommekapsler og garam masala i, og bland derefter gradvist det varme vand i. Kog under omrøring, indtil blandingen koger op og tykner. Tag kødfadet ud af mikrobølgeovnen og rør indholdet af stegepanden i. Dæk med husholdningsfilm (plastikfolie) og skær den to gange for at lade damp slippe ud. Kog på fuld i 10 minutter, vend retten to gange. Lad stå i 5 minutter før servering.

Basisfars

Serverer 4

450 g/1 lb/4 kopper magert hakket (hakket) oksekød
1 løg, revet
30 ml/2 spsk almindeligt (all-purpose) mel
450 ml/¾ pt/2 kopper varmt vand
1 oksefond tern
5 ml/1 tsk salt

Læg kødet i et dybt fad på 20 cm/8 i diameter. Bland grundigt løg og mel i med en gaffel. Kog uden låg på fuld i 5 minutter. Bryd kødet med en gaffel. Tilsæt vandet og smuldr i bouillonterningen. Rør godt for at blande. Dæk med husholdningsfilm (plastikfolie) og skær den to gange for at lade damp slippe ud. Kog på fuld i 15 minutter, vend retten fire gange. Lad stå i 4 minutter. Tilsæt salt og rør rundt inden servering.

Cottage Pie

Serverer 4

1 mængde Basic Fars
675 g/1½ lb friskkogte kartofler
30 ml/2 spsk smør eller margarine
60–90 ml/4–6 spsk varm mælk

Afkøl Basic Hakken til lunken og overfør til en smurt 1 liter/1¾ pt/4¼ kop tærtefad. Flød kartoflerne med smør eller margarine og nok af mælken til at lave en let og luftig mos. Riv over kødblandingen eller fordel jævnt og ru op med en gaffel. Genopvarm, utildækket, på fuld i 3 minutter. Alternativt brunes under en varm grill (broiler).

Cottage Pie med ost

Serverer 4

Forbered som for Cottage Pie, men tilsæt 50-75 g/2-3 oz/½-¾ kop revet cheddarost til kartoflerne efter creme med smør og varm mælk.

Hak med havre

Serverer 4

Tilbered som til Basic Fars, men tilsæt 1 gulerod, revet, med løget. Erstat melet med 25 g/1 oz/½ kop havregrød. Kog for første gang i 7 minutter.

Chili con Carne

Serverer 4-5

450 g/1 lb/4 kopper magert hakket (hakket) oksekød
1 løg, revet
2 fed hvidløg, knust
5–20 ml/1–4 tsk chilikrydderi
400 g/14 oz/1 stor dåse hakkede tomater
5 ml/1 tsk Worcestershire sauce
400 g/14 oz/1 stor dåse røde kidneybønner, drænet
5 ml/1 tsk salt
Jakke Kartofler eller kogte ris, til servering

Læg oksekødet i en 23 cm/9 i diameter ildfast fad (hollandsk ovn). Rør løg og hvidløg i med en gaffel. Kog uden låg på fuld i 5 minutter. Bryd kødet med en gaffel. Arbejd alle de resterende ingredienser i undtagen saltet. Dæk med husholdningsfilm (plastikfolie) og skær den to gange for at lade damp slippe ud. Kog på fuld i 15 minutter, vend retten tre gange. Lad stå i 4 minutter. Smag til med saltet inden servering med jakkekartofler eller kogte ris.

Karryfars

Serverer 4

2 løg, revet

2 fed hvidløg, knust

450 g/1 lb/4 kopper magert hakket (hakket) oksekød

15 ml/1 spsk almindeligt (all-purpose) mel

5–10 ml/1–2 spsk mildt karrypulver

30 ml/2 spsk frugtig chutney

60 ml/4 spsk tomatpuré (pasta)

300 ml/½ pt/1¼ kopper kogende vand

1 oksefond tern

Salt og friskkværnet sort peber

Mos løg, hvidløg og oksekød sammen. Fordel i en 20 cm/8 i diameter ildfast fad (hollandsk ovn). Form til en ring rundt om kanten af fadet, efterlad en lille hul i midten. Dæk med tallerken og kog på fuld i 5 minutter. Bryd op med gaffel. Arbejd mel, karry, chutney og tomatpuré i. Rør gradvist vandet i, og smuldr derefter bouillonterningen i. Dæk med husholdningsfilm (plastikfolie) og skær den to gange for at lade damp slippe ud. Kog på fuld i 15 minutter, vend retten tre gange. Lad stå i 4 minutter. Smag til, rør rundt og server.

Oksegulasch

Serverer 6

40 g/1½ oz/3 spsk smør, margarine eller svinefedt

675 g/1½ lb stewing steak, skåret i små tern

2 store løg, revet

1 mellemgrøn peberfrugt, frøet og skåret i fint tern

2 fed hvidløg, knust

4 tomater, blancheret, flået og hakket

45 ml/3 spsk tomatpuré (pasta)

15 ml/1 spsk paprika

5 ml/1 tsk kommenfrø

5 ml/1 tsk salt

300 ml/½ pt/1¼ kopper kogende vand

150 ml/¼ pt/2/3 kop syrnet (mejerisyre) fløde

Kom fedtstoffet i et fad på 1,75 liter/3 pt/7½ kop. Smelt, afdækket, på fuld i 1 minut. Bland kød, løg, peberfrugt og hvidløg i. Dæk med husholdningsfilm (plastikfolie) og skær den to gange for at lade damp slippe ud. Kog på fuld i 15 minutter, vend retten fire gange. Afdæk og rør tomater, tomatpuré, paprika og kommen i. Dæk som før og kog på fuld i 15 minutter, vend retten fire gange. Smag til med salt og bland forsigtigt det kogende vand i. Hæld i dybe tallerkener og top hver generøst med cremen.

Oksegulasch med kogte kartofler

Serverer 6

Tilbered som til oksegulasch, men udelad fløden og tilsæt 2-3 hele kogte kartofler til hver portion.

Smørbønner og oksekødgryderet med tomater

Serverer 6

425 g/15 oz/1 stor dåse smørbønner

275 g/10 oz/1 dåse tomatsuppe

30 ml/2 spsk tørrede løg

6 skiver braiseringsbøf, ca. 125 g/4 oz hver, pisket flade

Salt og friskkværnet sort peber

Kom bønner, suppe og løg i en 20 cm/8 i diameter ildfast fad (hollandsk ovn). Dæk med en tallerken og kog på fuld i 6 minutter under omrøring tre gange. Arranger bøfferne rundt om kanten af fadet. Dæk med husholdningsfilm (plastikfolie) og skær den to gange for at lade damp slippe ud. Kog på fuld i 17 minutter, vend retten tre gange. Lad stå i 5 minutter. Afdæk og smag til inden servering.

Oksekød og tomatkage

Serverer 2-3

275 g/10 oz/2½ kopper hakket (hakket) oksekød

30 ml/2 spsk almindeligt (all-purpose) mel

1 æg

5 ml/1 tsk løgpulver

150 ml/¼ pt/2/3 kop tomatjuice

5 ml/1 tsk sojasovs

5 ml/1 tsk tørret oregano

Kogt pasta til servering

Smør grundigt en 900 ml/1½ pt/3¾ kop oval tærteform. Bland oksekødet med alle de resterende ingredienser og fordel jævnt i fadet. Dæk med husholdningsfilm (plastikfolie) og skær den to gange for at lade damp slippe ud. Kog på fuld i 7 minutter, vend retten to gange. Lad stå i 5 minutter. Skær i to eller tre portioner og server varm med pasta.

Oksekød og svampekebab

Serverer 4

24 friske eller tørrede laurbærblade

½ rød peberfrugt, skåret i små firkanter

½ grøn peber, skåret i små firkanter

750 g/1½ lb grille (stege) bøf, trimmet og skåret i 2,5 cm/1 i tern

175 g/6 oz knapsvampe

50 g/2 oz/¼ kop smør eller margarine, ved køkkentemperatur

5 ml/1 tsk paprika

5 ml/1 tsk Worcestershire sauce

1 fed hvidløg, knust

175 g/6 oz/1½ kopper ris, kogt

Hvis du bruger tørrede laurbærblade, læg dem i et lille fad, tilsæt 90 ml/6 spsk vand og dæk med en underkop. Varm på fuld i 2 minutter for at blive blød. Læg peberfirkanterne i et fad og dæk dem blot med vand. Dæk med en tallerken og varm på fuld i 1 minut for at blive blød. Dræn peberfrugten og laurbærbladene. Tråd oksekød, champignon, peberfirkanter og laurbærblade på tolv 10 cm/4 i træspyd. Arranger kebaberne som egerne på et hjul i et dybt fad på 25 cm/10 i diameter. Kom smør eller margarine, paprika, Worcestershire-sauce og hvidløg i et lille fad og varm op uden låg i 1 minut. Pensl over kebaberne. Kog uden låg på fuld i 8 minutter, vend retten fire gange. Vend forsigtigt kebaberne og pensl med resten af smørblandingen. Kog på fuld i yderligere 4 minutter, vend retten to gange. Anret på en bund af ris og overtræk med saften fra fadet. Tillad tre kebab pr. person.

Fyldt lam

Serverer 4

En lidt mellemøstlig tilgang her. Server lammet med varmt pitabrød og en grøn salat oversået med oliven og kapers.

4 stykker nakke lammefilet, ca. 15 cm lang og 675 g/½ lb hver
3 store skiver hvidt brød med skorper, i tern
1 løg, skåret i 6 tern

45 ml/3 spsk ristede pinjekerner

30 ml/2 spsk ribs

2,5 ml/½ tsk salt

150 g/5 oz/2/3 kop tyk græsk almindelig yoghurt

Stødt kanel

8 knap svampe

15 ml/1 spsk olivenolie

Skær fedtet fra lammet. Lav en slids på langs i hvert stykke, og pas på ikke at skære lige igennem kødet. Slib brødterninger og løgstykker sammen i en foodprocessor eller blender. Skrab ud i en skål og bland pinjekerner, ribs og salt i. Fordel lige store mængder i lammestykkerne og fastgør med træcocktailstave (tandstikker). Arranger i en firkant i et dybt fad på 25 cm/10 i diameter. Smør med al yoghurten og drys let med kanel. Drys tilfældigt med svampene og dæk dem tyndt med olien. Dæk med husholdningsfilm (plastikfolie) og skær den to gange for at lade damp slippe ud. Kog på fuld i 16 minutter, vend retten fire gange. Lad stå i 5 minutter, og server derefter.

Minted lammekebab

Serverer 6

900 g/2 lb hals af lammefilet, trimmet

12 store mynteblade

60 ml/4 spsk tyk almindelig yoghurt

60 ml/4 spsk tomatketchup (catsup)

1 fed hvidløg, knust

5 ml/1 tsk Worcestershire sauce
6 pitabrød, lune
Salatblade, tomat og agurkeskiver

Skær kødet i 2,5 cm/1 i tern. Træk på seks træspyd skiftevis med myntebladene. Arranger som egerne på et hjul i et dybt fad på 25 cm/10 i diameter. Bland grundigt yoghurt, ketchup, hvidløg og Worcestershire sauce og pensl halvdelen af blandingen over kebaberne. Kog uden låg på fuld i 8 minutter, vend retten to gange. Vend kebaberne og pensl med den resterende rist. Kog på fuld i yderligere 8 minutter, vend retten to gange. Lad stå i 5 minutter. Varm pitabrødene kort under grillen (slagtekyllinger), indtil de puster op, og skær derefter langs den lange kant for at lave en lomme. Fjern kødet fra spyddene og kassér laurbærbladene. Pak lammet i pittaerne, og tilsæt derefter en god portion salat til hver.

Klassisk lammekebab

Serverer 6

900 g/2 lb hals af lammefilet, trimmet
12 store mynteblade
30 ml/2 spsk smør eller margarine
5 ml/1 tsk hvidløgssalt
5 ml/1 tsk Worcestershire sauce
5 ml/1 tsk sojasovs
2,5 ml/½ tsk paprika
6 pitabrød, lune

Salatblade, tomat og agurkeskiver

Skær kødet i 2,5 cm/1 i tern. Træk på seks træspyd skiftevis med myntebladene. Arranger som egerne på et hjul i et dybt fad på 25 cm/10 i diameter. Smelt smørret eller margarinen på Fuld i 1 minut, tilsæt derefter hvidløgssalt, Worcestershiresauce, sojasauce og paprika og bland grundigt. Pensl halvdelen af blandingen over kebaberne. Kog uden låg på fuld i 8 minutter, vend retten to gange. Vend kebaberne og pensl med den resterende rist. Kog på fuld i yderligere 8 minutter, vend retten to gange. Lad stå i 5 minutter. Varm pitabrødene kort under grillen (slagtekyllinger), indtil de puster op, og skær derefter langs den lange kant for at lave en lomme. Fjern kødet fra spyddene og kassér laurbærbladene. Pak lammet i pittaerne, og tilsæt derefter en god portion salat til hver.

Mellemøstligt lam med frugt

Serverer 4-6

Denne delikat krydrede og frugtrige lammeret er underspillet elegance, forstærket af dens belægning af ristede pinjekerner og flager af mandler. Server med yoghurt og smørrig ris.

675 g/1½ lb udbenet lam, så magert som muligt

5 ml/1 tsk stødt kanel

2,5 ml/½ tsk stødt nelliker

30 ml/2 spsk let blødt brun farin

1 løg, hakket

30 ml/2 spsk citronsaft

10 ml/2 tsk majsmel (majsstivelse)

15 ml/1 spsk koldt vand

7,5-10 ml/1½-2 tsk salt

400 g/14 oz/1 store dåse ferskenskiver i natur- eller æblejuice, drænet

30 ml/2 spsk ristede pinjekerner

30 ml/2 spsk mandler i flager

Skær lammet i små tern. Anbring i en 1,75 liters/3 pt/7½ kop ildfast fad (hollandsk ovn). Bland krydderier, sukker, løg og citronsaft sammen og tilsæt til retten. Dæk med en tallerken og kog på fuld i 5 minutter, lad derefter stå i 5 minutter. Gentag tre gange, og rør godt hver gang. Bland majsmel og vand til en jævn pasta. Dræn væsken fra lammet og tilsæt majsmelblandingen og salt. Hæld over lammet og rør det godt sammen. Kog uden låg på fuld i 2 minutter. Rør ferskenskiverne i og kog uden låg på fuld i yderligere 1½ minut. Drys med pinjekerner og mandler og server.

Mock Irish Stew

Serverer 4

675 g/1½ lb stuvet lam i tern

2 store løg, groft revet

450 g/1 lb kartofler, fint skåret

300 ml/½ pt/1¼ kopper kogende vand

5 ml/1 tsk salt

45 ml/3 spsk hakket persille

Fjern overskydende fedt fra lammet. Læg kødet og grøntsagerne i et enkelt lag i et dybt fad på 25 cm/10 i diameter. Dæk med husholdningsfilm (plastikfolie) og skær den to gange for at lade damp slippe ud. Kog på fuld i 15 minutter, vend retten to gange. Bland vandet og saltet og hæld det over kødet og grøntsagerne, rør grundigt sammen. Dæk som før og kog på fuld i 20 minutter, vend retten tre gange. Lad stå i 10 minutter. Afdæk og drys med persillen inden servering.

Bondekone Lammekoteletter

Serverer 4

3 kolde kogte kartofler, skåret i tynde skiver
3 kolde kogte gulerødder, skåret i tynde skiver
4 magre lammekoteletter, 150 g/5 oz hver
1 lille løg, revet
1 kogende (tærte) æble, skrællet og revet
30 ml/2 spsk æblejuice
Salt og friskkværnet sort peber
15 ml/1 spsk smør eller margarine

Arranger kartoffel- og gulerodsskiverne i et enkelt lag over bunden af et dybt fad på 20 cm/8 i diameter. Anret koteletterne ovenpå. Drys med løg og æble og hæld saften over. Smag til og dryp med flager af smør eller margarine. Dæk med husholdningsfilm (plastikfolie) og skær den to gange for at lade damp slippe ud. Kog på fuld i 15 minutter, vend retten to gange. Lad stå i 5 minutter før servering.

Lam Hot-pot

Serverer 4

675 g/1½ lb kartofler, meget tynde skiver

2 løg, meget tynde skiver

3 gulerødder, meget tynde skiver

2 store selleristængler, skåret diagonalt i tynde strimler

8 bedste ende af halsen lammekoteletter, ca. 1 kg/2 lb i alt

1 oksefond tern

300 ml/½ pt/1¼ kopper kogende vand

5 ml/1 tsk salt

25 ml/1½ spsk smeltet smør eller margarine

Arranger halvdelen af de tilberedte grøntsager i lag i en let smurt 2,25 liter/4 pt/10 kop ildfast fad (hollandsk ovn). Læg koteletterne ovenpå og dæk med de resterende grøntsager. Dæk med husholdningsfilm (plastikfolie) og skær den to gange for at lade damp slippe ud. Kog på fuld i 15 minutter, vend retten tre gange. Fjern fra mikrobølgeovnen og afdæk. Smuldr bouillonterningen i vandet og tilsæt saltet. Hæld forsigtigt ned på siden af gryden. Dryp smør eller margarine over toppen. Dæk som før og kog på fuld i 15 minutter. Lad stå i 6 minutter før servering.

Lammebrød med mynte og rosmarin

Serverer 4

450 g/1 lb/4 kopper hakket (malet) lam

1 fed hvidløg, knust

2,5 ml/½ tsk tørret smuldret rosmarin

2,5 ml/½ tsk tørret mynte

30 ml/2 spsk almindeligt (all-purpose) mel

2 store æg, pisket

2,5 ml/½ tsk salt

5 ml/1 tsk brun bordsauce

Revet muskatnød

Smør let en 900 ml/1½ pt/3¾ kop oval tærteform. Bland alle ingredienserne undtagen muskatnød sammen og fordel jævnt i fadet. Dæk med husholdningsfilm (plastikfolie) og skær den to gange for at lade damp slippe ud. Kog på fuld i 8 minutter, vend retten to gange.

Lad det stå i 4 minutter, afdæk derefter og drys med muskatnød. Skær i portioner til servering.

Lammebredie med tomater

Serverer 6

Tilbered som til Kylling Bredie med tomater, men udskift udbenet og grofthakket lam med kyllingen.

Lam Biriani

Serverer 4-6

5 kardemommebælg
30 ml/2 spsk solsikkeolie
450 g/1 lb trimmet hals af lammefilet, skåret i små tern
2 fed hvidløg, knust
20 ml/4 tsk garam masala
225 g/8 oz/1¼ kopper lettilberedte langkornede ris
600 ml/1 pt/2½ kopper varm hønsefond
10 ml/2 tsk salt
125 g/4 oz/1 kop flagede (skårede) mandler, ristede

Flæk kardemommebælgene for at fjerne frøene, og knus derefter frøene med en støder og morter. Opvarm olien i en 1,5 liters/3 pt/7½ kop ildfast fad (hollandsk ovn) på fuld i 1½ minut. Tilsæt lam, hvidløg, kardemommefrø og garam masala. Bland det godt sammen, og arranger det rundt om kanten af fadet, efterlad et lille hul i midten. Dæk med husholdningsfilm (plastikfolie) og skær den to gange for at lade damp slippe ud. Kog på fuld i 10 minutter. Afdæk og bland ris, bouillon og salt i. Dæk som før og kog på fuld i 15 minutter. Lad det stå i 3 minutter, hæld derefter ud på varme tallerkener og drys hver portion med mandlerne.

Udsmykkede Biriani

Serverer 4-6

Tilbered som til lam Biriani, men anret biriani på et opvarmet serveringsfad og pynt med hakkede hårdkogte (hårdtkogte) æg, tomatbåde, koriander (koriander) blade og stegt (svitseret) hakket løg.

Moussaka

Serverer 6-8

Du kræver lidt tålmodighed for at tilberede denne flerlagede lammebaserede græske klassiker, men resultaterne er besværet værd. Pocheret aubergine (aubergine) skiver gør denne mindre rig og lettere at fordøje end nogle versioner.

Til auberginelagene:

675 g/1½ lb auberginer

75 ml/5 spsk varmt vand

5 ml/1 tsk salt

15 ml/1 spsk frisk citronsaft

Til kødlagene:

40 g/1½ oz/3 spsk smør, margarine eller olivenolie

2 løg, finthakket

1 fed hvidløg, knust

350 g/12 oz/3 kopper koldt kogt hakket (kværnet) lam

125 g/4 oz/2 kopper friske hvide brødkrummer

Salt og friskkværnet sort peber

4 tomater, blancheret, flået og skåret i skiver

Til saucen:

425 ml/¾ pt/små 2 kopper sødmælk

40 g/1½ oz/3 spsk smør eller margarine

45 ml/3 spsk almindeligt (all-purpose) mel

75 g/3 oz/¾ kop cheddarost, revet

1 æggeblomme

Moussaka med kartofler

Serverer 6-8

Forbered som til Moussaka, men erstat auberginerne (auberginerne) med kogte kartofler i skiver.

Hurtig Moussaka

Serverer 3-4

Et hurtigt alternativ med en acceptabel smag og tekstur.

1 aubergine (aubergine), ca. 225 g/8 oz

15 ml/1 spsk koldt vand

300 ml/½ pt/1¼ kopper kold mælk

300 ml/½ pt/1¼ kopper vand

1 pakke instant kartoffelmos til servering 4

225 g/8 oz/2 kopper koldt kogt hakket (kværnet) lam

5 ml/1 tsk tørret merian

5 ml/1 tsk salt

2 fed hvidløg, knust

3 tomater, blancheret, flået og skåret i skiver

150 ml/¼ pt/2/3 kop tyk græsk yoghurt

1 æg

Salt og friskkværnet sort peber

50 g/2 oz/½ kop cheddarost, revet

Top og hale auberginen og halver den på langs. Læg dem i et lavt fad, skær siderne øverst og drys med koldt vand. Dæk med husholdningsfilm (plastikfolie) og skær den to gange for at lade damp slippe ud. Kog på fuld i 5½-6 minutter, indtil de er møre. Lad stå i 2 minutter, og dræn derefter. Hæld mælk og vand i en skål og rør den tørrede kartoffel i. Dæk med en tallerken og kog på fuld i 6 minutter. Rør godt rundt, og bland derefter lam, merian, salt og hvidløg i. Skær den uskrællede aubergine i skiver. Arranger skiftevis lag af aubergineskiver og kartoffelblandingen i en 2,25 liter/4 pt/10 kop smurt ildfast fad (hollandsk ovn), og brug halvdelen af tomatskiverne til at danne et 'sandwichfyld' i midten. Dæk med de resterende tomatskiver. Pisk yoghurt og æg sammen og smag til. Hæld tomaterne over og drys med osten. Dæk med husholdningsfilm som før. Kog på fuld i 7 minutter. Afdæk og brun under en varm grill (broiler) før servering.

Lammefars

Serverer 4

Tilbered som for basisfars, men erstat hakket (hakket) lammekød med hakket oksekød.

Shepherd's Pie

Serverer 4

Tilbered som for basisfars, men erstat lammefars med oksekød. Afkøl til lunken, og overfør derefter til en 1 liter/1¾ pt/4½ kop smurt tærteform. Top med 750 g/1½ lb varm kartoffelmos cremet med 15-30 ml/1-2 spsk smør eller margarine og 60 ml/4 spsk varm mælk. Smag godt til med salt og friskkværnet sort peber. Fordel over kødblandingen, ruv derefter op med en gaffel. Genopvarm, utildækket, på fuld i 2-3 minutter eller brun under en varm grill (slagtekyllinger).

Landlever i rødvin

Serverer 4

25 g/1 oz/2 spsk smør eller margarine

2 løg, revet

450 g/1 lb lammelever, skåret i smalle strimler

15 ml/1 spsk almindeligt (all-purpose) mel

300 ml/½ pt/1¼ kopper rødvin

15 ml/1 spsk mørkt blødt brun farin

1 oksefond tern, smuldret

30 ml/2 spsk hakket persille

Salt og friskkværnet sort peber

Smørte kogte kartofler og letkogt strimlet kål, til servering

Kom smørret eller margarinen i et dybt fad på 25 cm/10 i diameter. Smelt, afdækket, ved afrimning i 2 minutter. Rør løg og lever i. Dæk med en tallerken og kog på fuld i 5 minutter. Bland alle de resterende ingredienser i undtagen salt og peber. Dæk med en tallerken og kog på fuld i 6 minutter, omrør to gange. Lad stå i 3 minutter. Smag til og server med smurte kogte kartofler og kål.

Lever og bacon

Serverer 4-6

2 løg, revet
8 baconudskæringer (skiver), groft hakket
450 g/1 lb lammelever, skåret i små tern
45 ml/3 spsk majsmel (majsstivelse)
60 ml/4 spsk koldt vand
150 ml/¼ pt/2/3 kop kogende vand
Salt og friskkværnet sort peber

Læg løg og bacon i en 1,75 liters/3 pt/7½ kop ildfast fad (hollandsk ovn). Kog uden låg på fuld i 7 minutter under omrøring to gange. Bland leveren i. Dæk med en tallerken og kog på fuld i 8 minutter under omrøring tre gange. Bland majsmelet med det kolde vand til en jævn pasta. Rør i leveren og løgene, og bland derefter gradvist det kogende vand i. Dæk med en tallerken og kog på fuld i 6 minutter under omrøring tre gange. Lad stå i 4 minutter. Smag til og server.

Lever og bacon med æble

Serverer 4-6

Forbered som for lever og bacon, men erstatte 1 spise (dessert) æble, skrællet og revet, med et af løgene. Erstat halvdelen af det kogende vand med æblejuice ved stuetemperatur.

Nyrer i rødvin med brandy

Serverer 4

6 lamme nyrer

30 ml/2 spsk smør eller margarine

1 løg, finthakket

30 ml/2 spsk almindeligt (all-purpose) mel

150 ml/¼ pt/2/3 kop tør rødvin

2 oksefond tern

50 g/2 oz svampe, skåret i skiver

10 ml/2 tsk tomatpuré (pasta)

2,5 ml/½ tsk paprika

2,5 ml/½ tsk sennepspulver

30 ml/2 spsk hakket persille

30 ml/2 spsk brandy

Skind og halver nyrerne, skær derefter kernerne ud og kasser dem med en skarp kniv. Skær meget tynde. Smelt halvdelen af smørret uden låg ved afrimning i 1 minut. Rør i nyrerne og stil til side. Kom det resterende smør og løget i et fad på 1,5 liter/2½ pt/6 kop. Kog uden låg på fuld i 2 minutter under omrøring én gang. Bland melet i, derefter vinen. Kog, uden låg, på fuld i 3 minutter, mens du rører hurtigt hvert minut. Smuldr bouillonterningerne i, og rør derefter champignon, tomatpuré, paprika, sennep og nyrerne i med smør eller margarine. Bland grundigt. Dæk med husholdningsfilm (plastikfolie) og skær den to gange for at lade damp slippe ud. Kog på fuld i 5 minutter, vend retten én gang. Lad det stå i 3 minutter, afdæk derefter og drys med persillen. Varm brandy i en kop på fuld i 10-15 sekunder. Hæld nyreblandingen over og antænd. Server når flammerne har lagt sig.

Vildtbøffer med østerssvampe og blåskimmelost

Serverer 4

Salt og friskkværnet sort peber
8 små vildtbøffer
5 ml/1 tsk enebær, knust
5 ml/1 tsk herbes de Provence
30 ml/2 spsk olivenolie
300 ml/½ pt/1 ¼ kopper tør rødvin
60 ml/4 spsk rig oksefond
60 ml/4 spsk gin
1 løg, hakket
225 g/8 oz østerssvampe, trimmet og skåret i skiver
250 ml/8 fl oz/1 kop enkelt (let) creme
30 ml/2 spsk ribsgele (klar konserveret)
60 ml/4 spsk blåskimmelost, smuldret
30 ml/2 spsk hakket persille

Krydr vildtkødet efter smag, og arbejd derefter enebær og Provence-urter i. Varm olien i en bruning fad på Fuld i 2 minutter. Tilsæt bøfferne og kog uden låg på fuld i 3 minutter, vend én gang. Tilsæt vin, bouillon, gin, løg, champignon, fløde og ribsgele. Dæk med husholdningsfilm (plastikfolie) og skær den to gange for at lade damp slippe ud. Kog på medium i 25 minutter, vend retten fire gange. Bland osten i. Dæk med en varmefast tallerken og kog på fuld i 2 minutter. Lad det stå i 3 minutter, afdæk derefter og server pyntet med persillen.

Tilberedning af små pasta

Følg anvisningerne for tilberedning af stor pasta, men kog kun i 4-5 minutter. Dæk og lad stå i 3 minutter, dræn derefter og server.

Kinesisk nudel- og svampesalat med valnødder

Serverer 6

30 ml/2 spsk sesamolie

175 g/6 oz svampe, skåret i skiver

250 g/9 oz tråd ægnudler

7,5 ml/1½ tsk salt

75 g/3 oz/¾ kop hakkede valnødder

5 forårsløg (spidskål), hakket

30 ml/2 spsk sojasovs

Opvarm olien uden låg på afrimning i 2½ minut. Tilsæt svampene. Dæk med en tallerken og kog på fuld i 3 minutter under omrøring to gange. Sæt til side. Kom nudlerne i en stor skål og tilsæt nok kogende vand til at komme 5 cm/2 over pastaens niveau. Rør saltet i. Kog uden låg på fuld i 4-5 minutter, indtil nudlerne svulmer og er lige møre.

Dræn og lad køle af. Bland de resterende ingredienser i, inklusive svampene, og vend det godt sammen.

Peber makaroni

Serverer 2

300 ml/½ pt/1¼ kopper tomatjuice
125 g/4 oz/1 kop albuemakaroni
5 ml/1 tsk salt
30 ml/2 spsk hvidvin, opvarmet
1 lille rød eller grøn peberfrugt, frøet og hakket
45 ml/3 spsk olivenolie
75 g/3 oz/¾ kop Gruyère (schweizer) eller emmentaler ost, revet
30 ml/2 spsk hakket persille

Hæld tomatsaften i et fad på 1,25 liter/2¼ pt/5½ kop. Dæk med en tallerken og varm på fuld i 3½-4 minutter, indtil meget varmt og boblende. Rør alle de resterende ingredienser i undtagen ost og persille. Dæk som før og kog på fuld i 10 minutter under omrøring to gange. Lad stå i 5 minutter. Drys med ost og persille. Genopvarm, uden låg, på fuld i ca. 1 minut, indtil osten smelter.

Familie makaroni ost

Serverer 6-7

For nemheds skyld er denne opskrift til et stort måltid i familiestørrelse, men eventuelle rester kan genopvarmes i portioner i mikrobølgeovnen.

350 g/12 oz/3 kopper albuemakaroni

10 ml/2 tsk salt

30 ml/2 spsk majsmel (majsstivelse)

600 ml/1 pt/2½ kopper kold mælk

1 æg, pisket

10 ml/2 tsk lavet sennep

Friskkværnet sort peber

275 g/10 oz/2½ kopper cheddarost, revet

Kom makaronien i et dybt fad. Rør salt og tilstrækkeligt kogende vand i til at komme 5 cm/2 over pastaens niveau. Kog, uden låg, på fuld i ca. 10 minutter, indtil de lige er møre, under omrøring tre gange. Dræn evt. og lad så stå mens saucen tilberedes. I en separat stor skål blandes majsmelet jævnt med noget af den kolde mælk, og derefter blandes resten i. Kog uden låg på fuld i 6-7 minutter, indtil det er jævnt tyknet, pisk hvert minut. Bland æg, sennep og peber i efterfulgt af to tredjedele af osten og alle makaronierne. Bland grundigt med en gaffel. Fordel jævnt i et smurt fad på 30 cm/12 i diameter. Drys den resterende ost over toppen. Genopvarm, utildækket, på fuld i 4-5 minutter. Hvis du kan lide det, brunes hurtigt under en varm grill (slagtekyllinger) inden servering.

Klassisk makaroni ost

Serverer 4-5

Denne version er lidt rigere end Family Macaroni Cheese og egner sig til en række variationer.

225 g/8 oz/2 kopper albuemakaroni

7,5 ml/1½ tsk salt

30 ml/2 spsk smør eller margarine

30 ml/2 spsk almindeligt (all-purpose) mel

300 ml/½ pt/1¼ kopper mælk

225 g/8 oz/2 kopper cheddarost, revet

5–10 ml/1–2 tsk lavet sennep

Salt og friskkværnet sort peber

Kom makaronien i et dybt fad. Rør salt og tilstrækkeligt kogende vand i til at komme 5 cm/2 over pastaens niveau. Kog, uden låg, på fuld i 8-10 minutter, indtil de lige er møre, under omrøring to eller tre gange. Stil 3-4 minutter inde i mikrobølgeovnen. Dræn evt. og lad så stå mens saucen tilberedes. Smelt smørret eller margarinen uden låg ved optøning i 1-1½ minut. Rør melet i, og bland derefter gradvist mælken i. Kog uden låg på fuld i 6-7 minutter, indtil det er jævnt tyknet, pisk hvert minut. Bland to tredjedele af osten i, efterfulgt af sennep og krydderier, derefter makaroni. Fordel jævnt i et fad på 20 cm/8 i diameter. Drys med den resterende ost. Genopvarm, utildækket, på fuld i 3-4 minutter. Hvis du kan lide det, brunes hurtigt under en varm grill (slagtekyllinger) inden servering.

Makaroniost med Stilton

Serverer 4-5

Forbered som til klassisk makaroniost, men erstat halvdelen af cheddarosten med 100 g/3½ oz/1 kop smuldret Stilton.

Makaroni ost med bacon

Serverer 4-5

Forbered som til klassisk makaroniost, men rør 6 udskæringer (skiver) stribet bacon i, grillet (stegt), indtil det er sprødt og derefter smuldret, med sennep og krydderier.

Makaroni ost med tomater

Serverer 4-5

Forbered som til Classic Macaroni Cheese, men læg et lag tomatskiver fra ca. 3 flåede tomater oven på pastaen, inden du drysser med den resterende ost.

Spaghetti Carbonara

Serverer 4

75 ml/5 spsk dobbelt (tung) creme
2 store æg
100 g/4 oz/1 kop parmaskinke, hakket
175 g/6 oz/1½ kopper revet parmesanost
350 g/12 oz spaghetti eller anden stor pasta

Pisk fløde og æg sammen. Rør skinken og 90 ml/6 spsk af parmesanen i. Kog spaghettien som anvist. Afdryp og læg i et serveringsfad. Tilsæt flødeblandingen og vend det hele sammen med to trægafler eller skeer. Dæk med køkkenpapir og opvarm på fuld i 1½ minut. Server hver portion toppet med den resterende parmesan.

Pizza-stil makaroni ost

Serverer 4-5

225 g/8 oz/2 kopper albuemakaroni
7,5 ml/1½ tsk salt
30 ml/2 spsk smør eller margarine
30 ml/2 spsk almindeligt (all-purpose) mel
300 ml/½ pt/1¼ kopper mælk
125 g/4 oz/1 kop cheddarost, revet
125 g/4 oz/1 kop mozzarellaost, revet
5–10 ml/1–2 tsk lavet sennep
Salt og friskkværnet sort peber
212 g/7 oz/1 lille dåse tun i olie, drænet og olie reserveret
12 udstenede (udstenede) sorte oliven, skåret i skiver
1 dåse pimiento, skåret i skiver
2 tomater, blancheret, flået og groft hakket
5–10 ml/1–2 tsk rød eller grøn pesto (valgfrit)
Basilikumblade, til pynt

Kom makaronien i et dybt fad. Rør salt og tilstrækkeligt kogende vand i til at komme 5 cm/2 over pastaens niveau. Kog, uden låg, på fuld i 8-10 minutter, indtil de lige er møre, under omrøring to eller tre gange. Stil 3-4 minutter inde i mikrobølgeovnen. Dræn evt. og lad så stå mens saucen tilberedes. Smelt smørret eller margarinen uden låg ved optøning i 1-1½ minut. Rør melet i, og bland derefter gradvist mælken i. Kog uden låg på fuld i 6-7 minutter, indtil det er jævnt tyknet, pisk hvert minut. Bland i to tredjedele af hver ost, efterfulgt af sennep og krydderier. Rør makaroni, tun, 15 ml/1 spsk af tunolien, oliven, pimiento, tomater og pesto i, hvis du bruger. Fordel jævnt i et fad på 20 cm/8 i diameter. Drys med de resterende oste. Genopvarm, utildækket, på fuld i 3-4 minutter. Hvis man kan lide,

Spaghetticreme med forårsløg

Serverer 4

150 ml/¼ pt/2/3 kop dobbelt (tung) creme
1 æggeblomme
150 g/5 oz/1¼ kopper revet parmesanost
8 forårsløg (spidskål), finthakket
Salt og friskkværnet sort peber
350 g/12 oz spaghetti eller anden stor pasta

Pisk fløde, æggeblomme, 45 ml/3 spsk parmesan og forårsløg sammen. Krydr godt efter smag. Kog spaghettien som anvist. Afdryp og læg i et serveringsfad. Tilsæt flødeblandingen og vend det hele sammen med to trægafler eller skeer. Dæk med køkkenpapir og opvarm på fuld i 1½ minut. Tilbyd den resterende parmesanost separat.

Spaghetti bolognese

Serverer 4-6

450 g/1 lb/4 kopper magert hakket (hakket) oksekød
1 fed hvidløg, knust
1 stort løg, revet
1 grøn peberfrugt, kernet og finthakket
5 ml/1 tsk italiensk krydderi eller tørrede blandede krydderurter
400 g/14 oz/1 stor dåse hakkede tomater
45 ml/3 spsk tomatpuré (pasta)
1 oksefond tern
75 ml/5 spsk rødvin eller vand
15 ml/1 spsk mørkt blødt brun farin
5 ml/1 tsk salt
Friskkværnet sort peber
350 g/12 oz friskkogt og drænet spaghetti eller anden pasta
Revet parmesanost

Kombiner oksekødet med hvidløg i et fad på 1,75 liter/3 pt/7½ kop. Kog uden låg på fuld i 5 minutter. Bland alle de resterende ingredienser i undtagen salt, peber og spaghetti. Dæk med en tallerken og kog på fuld i 15 minutter, rør fire gange med en gaffel for at bryde kødet op. Lad stå i 4 minutter. Smag til med salt og peber og server med spaghetti. Tilbyd parmesanosten separat.

Spaghetti med Tyrkiet Bolognese Sauce

Serverer 4

Forbered som til Spaghetti Bolognese, men erstat oksekødet med hakket (malet) kalkun.

Spaghetti med Ragusauce

Serverer 4

En traditionel og økonomisk sauce, først brugt i England i Soho trattoriaer kort efter Anden Verdenskrig.

20 ml/4 tsk olivenolie

1 stort løg, finthakket

1 fed hvidløg, knust

1 lille gulerod, revet

250 g/8 oz/2 kopper magert hakket (hakket) oksekød

10 ml/2 tsk almindeligt (all-purpose) mel

15 ml/1 spsk tomatpuré (pasta)

300 m/½ pt/1¼ kopper oksefond

45 ml/3 spsk tør hvidvin

1,5 ml/¼ tsk tørret basilikum

1 lille laurbærblad

175 g/6 oz svampe, groft hakkede

Salt og friskkværnet sort peber

350 g/12 oz friskkogt og drænet spaghetti eller anden pasta

Revet parmesanost

Læg olie, løg, hvidløg og gulerod i et fad på 1,75 liter/3 pt/7½ kop. Varm, utildækket, på fuld i 6 minutter. Tilsæt alle de resterende ingredienser undtagen salt, peber og spaghetti. Dæk med en tallerken og kog på fuld i 11 minutter under omrøring tre gange. Lad stå i 4 minutter. Smag til med salt og peber, fjern laurbærbladet og server med spaghettien. Tilbyd parmesanosten separat.

Spaghetti med smør

Serverer 4

350 g/12 oz pasta
60 ml/4 spsk smør eller olivenolie
Revet parmesanost

Kog pastaen som anvist. Dræn og læg i et stort fad med smør eller olivenolie. Vend rundt med to skeer, indtil pastaen er godt dækket. Hæld dem på fire varme tallerkener og læg revet parmesanost på hver.

Pasta med hvidløg

Serverer 4

350 g/12 oz pasta
2 fed hvidløg, knust
50 g/2 oz smør
10 ml/2 tsk olivenolie
30 ml/2 spsk hakket persille
Revet parmesanost
Raket- eller radicchioblade, strimlet

Kog pastaen som anvist. Varm hvidløg, smør og olie på Fuld i 1½ minut. Rør persillen i. Dræn pastaen og læg den i et fad. Tilsæt hvidløgsblandingen og vend det hele sammen med to træskeer. Server med det samme drysset med parmesan og pyntet med revet rucola eller radicchioblade.

Spaghetti med oksekød og blandet grøntsagsbolognese sauce

Serverer 4

30 ml/2 spsk olivenolie

1 stort løg, finthakket

2 fed hvidløg, knust

4 udskæringer (skiver) stribet bacon, hakket

1 selleri stilk, hakket

1 gulerod, revet

125 g/4 oz knapsvampe, skåret i tynde skiver

225 g/8 oz/2 kopper magert hakket (hakket) oksekød

30 ml/2 spsk almindeligt (all-purpose) mel

1 vinglas tør rødvin

150 ml/¼ pt/2/3 kop passata (sigtede tomater)

60 ml/4 spsk oksefond

2 store tomater, blancheret, flået og hakket

15 ml/1 spsk mørkt blødt brun farin

1,5 ml/¼ tsk revet muskatnød

15 ml/1 spsk hakkede basilikumblade

Salt og friskkværnet sort peber

350 g/12 oz friskkogt og drænet spaghetti

Revet parmesanost

Kom olie, løg, hvidløg, bacon, selleri og gulerod i et 2 liters/3½ pt/8½ kop fad. Tilsæt svampe og kød. Kog uden låg på fuld i 6 minutter, omrør to gange med en gaffel for at bryde kødet op. Bland alle de resterende ingredienser i undtagen salt, peber og spaghetti. Dæk med en tallerken og kog på fuld i 13-15 minutter under omrøring tre gange. Lad stå i 4 minutter. Smag til med salt og peber og server med pastaen. Tilbyd parmesanosten separat.

Spaghetti med kødsauce og fløde

Serverer 4

Tilbered som til Spaghetti med oksekød og blandet grøntsagsbolognesesauce, men rør 30-45 ml/2-3 spsk dobbelt (tung) fløde i til sidst.

Spaghetti med Marsala kødsauce

Serverer 4

Forbered som til Spaghetti med oksekød og blandet grøntsagsbolognese-sauce, men erstat vinen med marsala og tilsæt 45 ml/3 spsk Marscapone-ost til sidst.

Pasta alla Marinara

Serverer 4

Det betyder 'sømandsstil' og kommer fra Napoli.
30 ml/2 spsk olivenolie
3-4 fed hvidløg, knust
8 store tomater, blancheret, flået og hakket
5 ml/1 tsk finthakket mynte
15 ml/1 spsk finthakkede basilikumblade
Salt og friskkværnet sort peber
350 g/12 oz friskkogt og drænet pasta
Revet pecorino eller parmesanost til servering

Kom alle ingredienserne undtagen pastaen i et fad på 1,25 liter/2¼ pt/5½ kop. Dæk med en tallerken og kog på fuld i 6-7 minutter under omrøring tre gange. Server med pastaen og byd Pecorino- eller Parmesanosten til separat.

Pasta Matriciana

Serverer 4

En rustik pastasauce fra den centrale Abruzzo-region i Italien.

30 ml/2 spsk olivenolie
1 løg, hakket
5 rashers (skiver) urøget stribet bacon, groft hakket
8 tomater, blancheret, flået og hakket
2-3 fed hvidløg, knust
350 g/12 oz friskkogt og drænet pasta
Revet pecorino eller parmesanost til servering

Kom alle ingredienserne undtagen pastaen i et fad på 1,25 liter/2¼ pt/5½ kop. Dæk med en tallerken og kog på fuld i 6 minutter, omrør to gange. Server med pastaen og byd Pecorino- eller Parmesanosten til separat.

Pasta med tun og kapers

Serverer 4

15 ml/1 spsk smør
200 g/7 oz/1 lille dåse tun i olie
60 ml/4 spsk grøntsagsfond eller hvidvin
15 ml/1 spsk kapers, hakket
30 ml/2 spsk hakket persille
350 g/12 oz friskkogt og drænet pasta
Revet parmesanost

Kom smørret i et fad på 600 ml/1 pt/2½ kop og smelt uden låg ved optøning i 1½ minut. Tilsæt indholdet af dåsen med tun og flak fisken. Rør bouillon eller vin, kapers og persille i. Dæk med en tallerken og varm på fuld i 3-4 minutter. Server med pastaen og byd parmesanosten til separat.

Pasta Napoletana

Serverer 4

Denne flamboyante tomatsauce fra Napoli, med en varm og farverig smag, laves bedst om sommeren, når tomaterne er allermest rigelige.

8 store modne tomater, blancheret, flået og groft hakket
30 ml/2 spsk olivenolie
1 løg, hakket
2-4 fed hvidløg, knust
1 bladselleri, finthakket
15 ml/1 spsk hakkede basilikumblade
10 ml/2 tsk let blødt brun farin
60 ml/4 spsk vand eller rødvin
Salt og friskkværnet sort peber
30 ml/2 spsk hakket persille
350 g/12 oz friskkogt og drænet pasta
Revet parmesanost

Kom tomater, olie, løg, hvidløg, selleri, basilikum, sukker og vand eller vin i et fad på 1,25 liter/2¼ pt/5½ kop. Bland godt. Dæk med en tallerken og kog på fuld i 7 minutter, omrør to gange. Smag til, og rør derefter persillen i. Server med det samme med pastaen og byd parmesanosten til separat.

Pasta Pizzaiola

Serverer 4

Tilbered som til Pasta Napoletana, men øg tomaterne til 10, udelad løg, selleri og vand og brug dobbelt mængde persille. Tilsæt 15 ml/1 spsk frisk eller 2,5 ml/½ tsk tørret oregano med persillen.

Pasta med ærter

Serverer 4

Forbered som til Pasta Napoletana, men tilsæt 125 g/4 oz/1 kop grofthakket skinke og 175 g/6 oz/1½ kopper friske ærter til tomaterne med de øvrige ingredienser. Kog i 9-10 minutter.

Pasta med kyllingeleversauce

Serverer 4

225 g/8 oz kyllingelever
30 ml/2 spsk almindeligt (all-purpose) mel
15 ml/1 spsk smør
15 ml/1 spsk olivenolie
1-2 fed hvidløg, knust
125 g/4 oz svampe, skåret i skiver
150 ml/¼ pt/2/3 kop varmt vand
150 ml/¼ pt/2/3 kop tør rødvin
Salt og friskkværnet sort peber
350 g/12 oz pasta, friskkogt og drænet

Pasta med ansjos

Serverer 4

30 ml/2 spsk olivenolie

15 ml/1 spsk smør

2 fed hvidløg, knust

50 g/2 oz/1 lille dåse ansjosfileter i olie

45 ml/3 spsk hakket persille

2,5 ml/½ tsk tørret basilikum

Friskkværnet sort peber

350 g/12 oz friskkogt og drænet pasta

Kom olie, smør og hvidløg i et 600 ml/1 pt/2½ kop fad. Hak ansjoserne og tilsæt olien fra dåsen. Bland persille, basilikum og peber i efter smag. Dæk med en tallerken og kog på fuld i 3-3½ minutter. Server med det samme med pastaen.

Ravioli med sauce

Serverer 4

350 g/12 oz/3 kopper ravioli

Kog som for stor pasta, og server derefter med en af de tomatbaserede pastasaucer ovenfor.

Tortellini

Serverer 4

Tillad ca. 250 g/9 oz købt tortellini og kog som til stor frisk eller tørret pasta. Dræn grundigt, tilsæt 25 g/1 oz/2 spsk usaltet (sødt) smør og vend grundigt. Server hver portion drysset med revet parmesanost.

Lasagne

Serverer 4-6

45 ml/3 spsk varmt vand
Spaghetti Bolognese sauce

*9-10 plader, der ikke er nødvendigt at forkoge almindelig, grøn (verdi)
eller brun (fuldhvede) lasagne*

Ostesauce

25 g/1 oz/¼ kop revet parmesanost

30 ml/2 spsk smør

Revet muskatnød

Olie eller smør en 20 cm/8 i firkantet fad. Tilsæt det varme vand til Bolognese saucen. Læg et lag lasagneplader i bunden af fadet, derefter et lag Bolognese sauce, derefter et lag ostesauce. Fortsæt med lagene, afslut med ostesovsen. Drys med parmesanost, drys med smør og drys med muskatnød. Kog uden låg i 15 minutter, vend retten to gange. Lad det stå i 5 minutter, og fortsæt derefter med at koge i yderligere 15 minutter, eller indtil lasagnen føles blød, når en kniv skubbes gennem midten. (Tilberedningstiden vil variere afhængigt af starttemperaturen for de to saucer.)

Pizza Napoletana

Gør 4

Mikrobølgeovnen gør et godt stykke arbejde på pizzaer, der minder om dem, du kan finde over hele Italien og i særdeleshed i Napoli.

30 ml/2 spsk olivenolie

2 løg, pillet og finthakket

1 fed hvidløg, knust

150 g/5 oz/2/3 kop tomatpuré (pasta)

Grundlæggende hvid eller brun brøddej

350 g/12 oz/3 kopper Mozzarella ost, revet

10 ml/2 tsk tørret oregano

50 g/2 oz/1 lille dåse ansjosfileter i olie

Kog olie, løg og hvidløg, uden låg, på fuld i 5 minutter, omrør to gange. Bland tomatpuréen i og stil til side. Del dejen ligeligt i fire stykker. Rul hver til en runde, der er stor nok til at dække en olieret og meldrysset 20 cm/8 i flad tallerken. Dæk med køkkenpapir og lad det stå i 30 minutter. Spred hver med tomatblandingen. Bland osten med oregano og drys ligeligt over hver pizza. Pynt med ansjoserne. Bages enkeltvis, dækket med køkkenpapir, på fuld i 5 minutter, vend to gange. Spis med det samme.

Pizza Margherita

Gør 4

Forbered som til Pizza Napoletana, men udskift tørret basilikum med oregano og udelad ansjoserne.

Fisk og skaldyr pizza

Gør 4

Forbered dig som til Pizza Napoletana. Når de er kogt, studs med rejer (rejer), muslinger, muslinger osv.

Pizza Siciliana

Gør 4

Forbered dig som til Pizza Napoletana. Når de er kogt, studs med 18 små sorte oliven mellem ansjoserne.

Svampe pizza

Gør 4

Forbered som til Pizza Napoletana, men drys 100 g/3½ oz tynde skiver svampe over tomatblandingen, før du tilsætter ost og krydderurter. Kog i yderligere 30 sekunder.

Skinke og ananas pizza

Gør 4

Forbered som til Pizza Napoletana, men drys 125 g/4 oz/1 kop hakket skinke over tomatblandingen, før du tilsætter ost og krydderurter. Hak 2 dåse ananasringe og fordel dem over toppen af pizzaen. Kog i yderligere 45 sekunder.

Pepperoni pizzaer

Gør 4

Forbered som til Pizza Napoletana, men top hver pizza med 6 tynde skiver pepperonipølse.

Smørede flagede mandler

En pragtfuld topping til søde og salte retter.

15 ml/1 spsk usaltet (sødt) smør
50 g/2 oz/½ kop mandler i flager
Almindelig eller aromatiseret salt eller strøsukker (superfint).

Kom smørret i et lavt fad på 20 cm/8 i diameter. Smelt, afdækket, på fuld i 45-60 sekunder. Tilsæt mandlerne og kog uden låg på fuld i 5-6 minutter, indtil de er gyldenbrune, under omrøring og vending hvert minut. Drys med salt til at toppe salte retter, strøsukker til sødt.

Flagede mandler i hvidløgssmør

Forbered som til smørsmurte flagede mandler, men brug købt hvidløgssmør. Dette gør en smart topping til retter som kartoffelmos og kan også tilføjes til cremede supper.

Tørrede kastanjer

Mikrobølgeovnen gør det muligt at tilberede tørrede kastanjer og bruge dem på under 2 timer uden at ligge i blød natten over efterfulgt af langvarig kogning. Også det hårde arbejde med at skrælle er allerede gjort for dig.

Vask 250 g/8 oz/2 kopper tørrede kastanjer. Kom i et fad på 1,75 liter/3 pt/7½ kop. Rør 600 ml/1 pt/2½ kopper kogende vand i. Dæk med en tallerken og kog på fuld i 15 minutter, vend retten tre gange. Stil i mikrobølgeovnen i 15 minutter. Gentag med samme tilberednings- og hviletider. Afdæk, tilsæt yderligere 150 ml/¼ pt/2/3 kop kogende vand og rør rundt. Dæk som før og kog på fuld i 10 minutter under omrøring to gange. Lad stå i 15 minutter før brug.

Tørring af urter

Hvis du dyrker dine egne urter, men har svært ved at tørre dem i et fugtigt og uforudsigeligt klima, vil mikrobølgeovnen gøre arbejdet for dig effektivt, effektivt og rent på næsten ingen tid, så din årlige afgrøde kan nydes gennem vintermånederne . Hver sort af urter skal tørres af sig selv for at holde smagen intakt. Hvis du vil senere, kan du lave dine egne blandinger ved at blande flere tørrede krydderurter sammen.

Start med at klippe urterne af deres buske med sekatør eller saks. Træk bladene (nåle i tilfælde af rosmarin) af stilkene og pak dem løst ind i en 300 ml/½ pt/1¼ kop målekande, og fyld den næsten over. Hæld dem i et dørslag (si) og skyl dem hurtigt og forsigtigt under koldt rindende vand. Dræn grundigt, og tør derefter mellem folderne på et rent, tørt viskestykke (karklud). Læg ovenpå en dobbelt tykkelse køkkenpapir placeret direkte på mikroovnens drejetallerken. Opvarm, utildækket, på fuld i 5-6 minutter, flyt forsigtigt urterne rundt på papiret to eller tre gange. Så snart de lyder som raslende efterårsblade og har mistet deres lyse grønne farve, kan man gå ud fra, at krydderurterne er tørret igennem. Hvis ikke, fortsæt med at varme i 1-1½ minut. Tag ud af ovnen og lad køle af. Knus de tørrede krydderurter ved at gnide dem mellem hænderne. Overfør til lufttætte glas med prop og etiket. Opbevares væk fra stærkt lys.

Sprøde brødkrummer

Blege brødkrummer af høj kvalitet - i modsætning til morgenfrue-gule pakker - laves perfekt i mikrobølgeovnen og bliver sprøde og sprøde uden at brune. Brødet kan være frisk eller gammelt, men det tager lidt længere tid at tørre friskt. Smuldr 3½ store skiver hvidt eller brunt brød med skorper til fine krummer. Fordel krummerne i et lavt fad på 25 cm/10 i diameter. Kog uden låg på fuld i 5-6 minutter under omrøring fire gange, indtil du kan mærke på fingrene, at krummerne er tørre og sprøde. Lad det køle af, rør rundt fra tid til anden, og opbevar derefter i en lufttæt beholder. De vil holde sig næsten uendeligt på et køligt sted.

Nøddeburgere

Gør 12

Disse er på ingen måde nye, især for vegetarer og veganere, men kombinationen af nødder giver disse burgere en enestående smag, og den sprøde tekstur er lige så appetitlig. De kan serveres varme med en sauce, kolde med salat og mayonnaise, halveres vandret og bruges som sandwichfyld, eller spises lige som de er til mellemmåltid.

30 ml/2 spsk smør eller margarine
125 g/4 oz/1 kop uskallede hele mandler
125 g/4 oz/1 kop pecannøddestykker
125 g/4 oz/1 kop cashewnøddestykker, ristede
125 g/4 oz/2 kopper friske bløde brune brødkrummer
1 mellemstor løg, revet
2,5 ml/½ tsk salt
5 ml/1 tsk lavet sennep
30 ml/2 spsk kold mælk

Smelt smørret eller margarinen uden låg på fuld i 1-1½ minut. Kværn nødderne ret fint i en blender eller foodprocessor. Hæld ud og kombiner med de resterende ingredienser inklusive smør eller margarine. Del i 12 lige store stykker og form til ovaler. Arranger rundt om kanten af en stor smurt plade. Kog uden låg på fuld i 4 minutter, vend én gang. Lad stå i 2 minutter.

Nøddekin kage

Serverer 6-8

Forbered som for nøddeburgere, men udskift 350 g/12 oz/3 kopper malede blandede nødder efter eget valg med mandler, pekannødder og cashewnødder. Form til en 20 cm/8 rund rund og læg den på en smurt tallerken. Kog uden låg på fuld i 3 minutter. Lad det stå i 5 minutter, og kog derefter på fuld i yderligere 2½ minut. Lad stå i 2 minutter. Serveres varm eller kold, skåret i tern.

Boghvede

Serverer 4

Også kendt som saracensk majs og hjemmehørende i Rusland, er boghvede ikke relateret til noget andet korn. Det er den lille frugt af en sødt parfumeret lyserød blomstrende plante, som er medlem af havnefamilien. Grundlaget for blinis (eller russiske pandekager), kornet er en solid, jordnær basisvare og er en sund erstatning for kartofler med kød og fjerkræ.

175 g/6 oz/1 kop boghvede

1 æg, pisket

5 ml/1 tsk salt

750 ml/1¼ pts/3 kopper kogende vand

Bland boghvede og æg i et 2 liters/3½ pt/8½ kop fad. Rist, uden låg, på fuld i 4 minutter, omrør og bryd op med en gaffel hvert minut. Tilsæt salt og vand. Stil på en tallerken i mikrobølgeovnen i tilfælde af spild og kog uden låg på fuld i 22 minutter under omrøring fire gange. Dæk med en tallerken og lad det stå i 4 minutter. Gaffel rundt inden servering.

Bulgar

Serverer 6-8

Også kaldet burghal, burghul eller revnet hvede, dette korn er en af hæfteklammerne i Mellemøsten. Det er nu bredt tilgængeligt fra supermarkeder og helsekostbutikker.

225 g/8 oz/1¼ kopper bulgar
600 ml/1 pt/2½ kopper kogende vand
5–7,5 ml/1–1½ tsk salt

Kom bulgaren i et fad på 1,75 liter/3 pt/7½ kop. Rist, uden låg, på fuld i 3 minutter, omrør hvert minut. Rør kogende vand og salt i. Dæk med en tallerken og lad det stå i 6-15 minutter, afhængigt af den anvendte sort af bulgar, indtil kornet er al dente, som pasta. Pug op med en gaffel og spis varmt eller koldt.

Bulgar med stegt løg

Serverer 4

1 løg, revet
15 ml/1 spsk oliven eller solsikke
1 mængde Bulgar

Kom løg og olie i et lille fad. Kog uden låg på fuld i 4 minutter under omrøring tre gange. Tilsæt den kogte bulgar samtidig med vandet og saltet.

Tabbouleh

Serverer 4

Farvet dyb grøn af persillen, fremkalder denne ret Libanon og er en af de mest appetitlige salater man kan forestille sig, en perfekt ledsager til mange retter fra vegetariske nøddekoteletter til stegt lam. Det er også en attraktiv forret, arrangeret over salatgrønt på individuelle tallerkener.

1 mængde Bulgar
120-150 ml/4-5 fl oz/½-2/3 kop finthakket fladbladpersille
30 ml/2 spsk hakkede mynteblade
1 mellemstor løg, fint revet
15 ml/1 spsk olivenolie
Salt og friskkværnet sort peber
Salatblade
Tomater i tern, agurk og sorte oliven i tern til pynt

Kog bulgaren som anvist. Overfør halvdelen af mængden til en skål og bland persille, mynte, løg, olie og rigeligt salt og peber i efter smag. Når de er kolde, anret på salatblade og pynt smukt med pynten. Brug den resterende bulgar som du ønsker.

Sultans salat

Serverer 4

En personlig favorit, og toppet med stykker af fetaost og serveret med pitabrød gør det et komplet måltid.

1 mængde Bulgar

1-2 fed hvidløg, knust

1 gulerod, revet

15 ml/1 spsk hakkede mynteblade

60 ml/4 spsk hakket persille

Saft af 1 stor citron, siet

45 ml/3 spsk oliven- eller solsikkeolie, eller en blanding af begge

Grønt salat

Ristede mandler og grønne oliven, til pynt

Kog bulgaren som anvist, og rør derefter hvidløg, gulerod, mynte, persille, citronsaft og olie i. Anret på en tallerken foret med grønt salat og dryp med ristede mandler og grønne oliven.

Couscous

Serverer 4

Couscous er både et korn og navnet på en nordafrikansk kød- eller grøntsagsgryderet. Fremstillet af durumhvede semulje (hvedecreme), det ligner små, perfekt afrundede perler. Det plejede at være håndlavet af dedikerede og talentfulde hjemmekokke, men er nu tilgængelig i pakker og kan tilberedes lynhurtigt, takket være en fransk teknik, der gør op med den besværlige og langsomme opgave med at dampe. Du kan erstatte cous-cous med enhver af retterne lavet med bulgar (side 209-10).

250 g/9 oz/1½ kopper købt couscous
300 ml/½ pt/1¼ kopper kogende vand
5–10 ml/1–2 tsk salt

Kom couscousen i et fad på 1,75 liter/3 pt/7½ kop og rist uden låg på fuld i 3 minutter under omrøring hvert minut. Tilsæt vand og salt og bland rundt. Dæk med en tallerken og kog på fuld i 1 minut. Lad stå i mikroovnen i 5 minutter. Pug op med en gaffel inden servering.

Grits

Serverer 4

Grits (hominy grits) er en næsten hvid nordamerikansk kornsort baseret på majs (majs). Den spises med varm mælk og sukker eller med smør og salt og peber. Det er tilgængeligt fra specialbutikker som Harrods i London.

150 g/5 oz/små 1 kop gryn
150 ml/¼ pt/2/3 kop koldt vand
600 ml/1 pt/2½ kopper kogende vand
5 ml/1 tsk salt

Kom grynene i en 2,5 liters/4½ pt/11 kop skål. Bland glat med det kolde vand, og rør derefter kogende vand og salt i. Kog uden låg på fuld i 8 minutter under omrøring fire gange. Dæk med en tallerken og lad stå i 3 minutter før servering.

Gnocchi alla Romana

Serverer 4

Gnocchi er ofte at finde på italienske restauranter, hvor den er vellidt. Den laver en solid og sund frokost- eller aftensmadsret med salat og bruger økonomiske ingredienser.

600 ml/1 pt/2½ kopper kold mælk

150 g/5 oz/¾ kop semulje (fløde af hvede)

5 ml/1 tsk salt

50 g/2 oz/¼ kop smør eller margarine

75 g/3 oz/¾ kop revet parmesanost

2,5 ml/½ tsk kontinentallavet sennep

1,5 ml/¼ tsk revet muskatnød

1 stort æg, pisket

Blandet salat

Tomatketchup (catsup)

Bland halvdelen af den kolde mælk glat med semulje i et fad på 1,5 liter/2½ pt/6 kop. Opvarm den resterende mælk, uden låg, på fuld i 3 minutter. Rør i semulje med saltet. Kog uden låg på fuld i 7 minutter, indtil den er meget tyk, under omrøring fire eller fem gange for at holde blandingen glat. Tag ud af mikrobølgeovnen og bland halvdelen af smørret, halvdelen af osten og al sennep, muskatnød og æg i. Kog uden låg på fuld i 1 minut. Dæk med en tallerken og lad det stå i 1 minut. Fordel i et olieret eller smurt lavvandet 23 cm/9 i firkantet fad. Dæk løst med køkkenpapir og lad det stå køligt, indtil det er fast og stivnet. Skær i 2,5 cm/1 i firkanter. Arranger i et 23 cm/9 smurt rundt fad i overlappende ringe. Drys med resten af osten, dryp med flager af det resterende smør og opvarm i en varm ovn i 15 minutter, indtil de er gyldenbrune.

Skinke Gnocchi

Serverer 4

Forbered som til Gnocchi alla Romana, men tilsæt 75 g/3 oz/¾ kop hakket parmaskinke med den varme mælk.

Hirse

Serverer 4-6

En behagelig og delikat korn, relateret til sorghum, som er en off-beat erstatning for ris. Hvis det spises med bælgfrugter (ærter, bønner og linser), giver det et velafbalanceret, proteinrigt måltid.

175 g/6 oz/1 kop hirse
750 ml/1¼ pts/3 kopper kogende vand eller bouillon
5 ml/1 tsk salt

Kom hirsen i et fad på 2 liter/3½ pt/8½ kop. Rist, uden låg, på fuld i 4 minutter, omrør to gange. Bland vand og salt i. Stil dig på en tallerken i tilfælde af spild. Kog uden låg på fuld i 20-25 minutter, indtil alt vandet er absorberet. Pug op med en gaffel og spis med det samme.

Polenta

Serverer 6

Et lysegult korn lavet af majs, der ligner semulje (fløde af hvede), men grovere. Det er en basisstivelsesfødevare i Italien og Rumænien, hvor den er meget respekteret og ofte spises som tilbehør til kød-, fjerkræ-, æg- og grøntsagsretter. I de senere år er det blevet en trendy restaurantspecialitet, ofte skåret i firkanter og serveret grillet (stegt) eller stegt (sauteret) med saucer svarende til dem, der bruges til spaghetti.

150 g/5 oz/¾ kop polenta
5 ml/1 tsk salt
125 ml/¼ pt/2/3 kop koldt vand
600 ml/1 pt/2½ kopper kogende vand eller bouillon

Kom polenta og salt i et fad på 2 liter/3½ pt/8½ kop. Blend glat med det kolde vand. Bland gradvist kogende vand eller bouillon i. Stil dig på en tallerken i tilfælde af spild. Kog uden låg på fuld i 7-8 minutter, indtil den er meget tyk, under omrøring fire gange. Dæk med en tallerken og lad stå i 3 minutter før servering.

Grillet Polenta

Serverer 6

Forbered som til Polenta. Når det er kogt, fordeles det i et smurt eller olieret 23 cm/9 i firkantet fad. Glat toppen med en kniv dyppet i og ud af varmt vand. Dæk løst med køkkenpapir og lad køle helt af. Skær i firkanter, pensl med oliven- eller majsolie og grill (broil) eller steg (svits) konventionelt, indtil de er gyldenbrune.

Polenta med pesto

Serverer 6

Forbered som til Polenta, men tilsæt 20 ml/4 tsk rød eller grøn pesto med det kogende vand.

Polenta med soltørret tomat eller olivenpasta

Serverer 6

Tilbered som til Polenta, men tilsæt 45 ml/3 spsk soltørrede tomat- eller olivenpasta med det kogende vand.

Quinoa

Serverer 2-3

En ret ny-på-scenen proteinrig korn fra Peru med en mærkelig sprød tekstur og let røget smag. Den passer til alle fødevarer og er en ny erstatning for ris.

125 g/4 oz/2/3 kop quinoa

2,5 ml/½ tsk salt

550 ml/18 fl oz/2 1/3 kopper kogende vand

Kom quinoaen i en 1,75 liter/3 pt/7½ kop skål. Rist, uden låg, på fuld i 3 minutter under omrøring én gang. Tilsæt salt og vand og bland grundigt. Kog på fuld i 15 minutter under omrøring fire gange. Dæk til og lad det stå i 2 minutter.

Rumænsk Polenta

Serverer 4

Rumæniens notorisk rige nationalret – mamaliga.

1 mængde Polenta

75 g/3 oz/1/3 kop smør

4 friskpocherede store æg

100 g/4 oz/1 kop Fetaost, smuldret

150 ml/¼ pt/2/3 kop syrnet (mejerisyre) fløde

Tilbered polentaen og lad den stå i fadet, hvori den blev kogt. Pisk halvdelen af smørret i. Hæld lige store bunker på fire opvarmede tallerkener og lav en fordybning i hver. Fyld med æggene, drys med osten og top med det resterende smør og fløden. Spis med det samme.

Karryris

Serverer 4

Velegnet som tilbehør til de fleste orientalske og asiatiske fødevarer, især indiske.

30 ml/2 spsk jordnøddeolie (peanut).

2 løg, finthakket

225 g/8 oz/1 kop basmatiris

2 små laurbærblade

2 hele nelliker

Frø fra 4 kardemommebælg

30–45 ml/2–3 spsk mildt karrypulver

5 ml/1 tsk salt

600 ml/1 pt/2½ kopper kogende vand eller grøntsagsfond

Kom olien i et fad på 2,25 liter/4 pt/10 kop. Varm, utildækket, på fuld i 1 minut. Bland løgene i. Kog uden låg på fuld i 5 minutter. Rør alle de resterende ingredienser i. Dæk med husholdningsfilm (plastikfolie) og skær den to gange for at lade damp slippe ud. Kog på fuld i 15 minutter, vend retten fire gange. Lad stå i 2 minutter. Fordel let rundt og server.

Hytteost og risgryde

Serverer 3-4

En stor blanding af smag og teksturer bragt tilbage fra Nordamerika for nogle år siden.

225 g/8 oz/1 kop brune ris

50 g/2 oz/¼ kop vilde ris

1,25 liter/2¼ pts/5½ kopper kogende vand

10 ml/2 tsk salt

4 forårsløg (spidskål), groft hakket

1 lille grøn chili, kernet og hakket

4 tomater, blancheret, flået og skåret i skiver

125 g/4 oz knapsvampe, skåret i skiver

225 g/8 oz/1 kop hytteost

75 g/3 oz/¾ kop cheddarost, revet

Kom de brune og vilde ris i et fad på 2,25 liter/4 pt/10 kop. Rør vand og salt i. Dæk med husholdningsfilm (plastikfolie) og skær den to gange for at lade damp slippe ud. Kog på fuld i 40-45 minutter, indtil risene er fyldige og møre. Dræn evt. og stil til side. Fyld en 1,75 liter/3 pt/7½ kop ildfast fad (hollandsk ovn) med skiftevis lag af ris, løg, chili, tomater, svampe og hytteost. Drys tykt med revet cheddar. Kog uden låg på fuld i 7 minutter, vend retten to gange.

Italiensk Risotto

Serverer 2-3

2,5–5 ml/½–1 tsk safranpulver eller 5 ml/1 tsk safranstrenge

50 g/2 oz/¼ kop smør

5 ml/1 tsk olivenolie

1 stort løg, pillet og revet

225 g/8 oz/1 kop let-tilberedte risotto ris

600 ml/1 pt/2½ kopper kogende vand eller hønsefond

150 ml/¼ pt/2/3 kop tør hvidvin

5 ml/1 tsk salt

50 g/2 oz/½ kop revet parmesanost

Hvis du bruger safran, smuldr du dem mellem fingrene i en æggekop med varmt vand og lad dem stå i 10-15 minutter. Kom halvdelen af smørret og olien i et fad på 1,75 liter/3 pt/7½ kop. Opvarm, utildækket, ved afrimning i 1 minut. Rør løget i. Kog uden låg på fuld i 5 minutter. Rør ris, vand eller bouillon og vin og enten safranstrengene med vandet eller safranpulveret. Dæk med husholdningsfilm (plastikfolie) og skær den to gange for at lade damp slippe ud. Kog på fuld i 14 minutter, vend retten tre gange. Gaffel forsigtigt det resterende smør i, efterfulgt af salt og halvdelen af parmesanosten. Kog uden låg på fuld i 4-8 minutter, omrør forsigtigt med en gaffel hvert 2. minut, indtil risene har absorberet al væsken. Tilberedningstiden afhænger af den anvendte ris.

Svampe Risotto

Serverer 2-3

Bræk 20 g/1 oz tørrede svampe, foretrukkent porcini, i små stykker, vask grundigt under koldt rindende vand og læg dem derefter i blød i 10 minutter i det kogende vand eller kyllingefond, der bruges i den italienske risotto-opskrift. Fortsæt som for italiensk risotto.

brasilianske ris

Serverer 3-4

15 ml/1 spsk oliven- eller majsolie

30 ml/2 spsk tørret løg

225 g/8 oz/1 kop amerikansk langkornet eller basmatiris

5–10 ml/1–2 tsk salt

600 ml/1 pt/2½ kopper kogende vand

2 store tomater, blancheret, flået og hakket

Hæld olien i et fad på 2 liter/3½ pt/8½ kop. Tilsæt det tørrede løg. Kog uden låg på fuld i 1¼ minut. Rør alle de resterende ingredienser i. Dæk med husholdningsfilm (plastikfolie) og skær den to gange for at lade damp slippe ud. Kog på fuld i 15 minutter, vend retten fire gange. Lad stå i 2 minutter. Fordel let rundt og server.

Spanske ris

Serverer 6

En nordamerikansk special, der ikke har meget med Spanien at gøre udover tilsætning af peberfrugt og tomater! Spis med fjerkræ og æggeretter.

225 g/8 oz/1 kop lettilberedte langkornede ris

600 ml/1 pt/2½ kopper kogende vand

10 ml/2 tsk salt

30 ml/2 spsk majs- eller solsikkeolie

2 løg, finthakket

1 grøn peberfrugt, kernet og hakket groft

400 g/14 oz/1 stor dåse hakkede tomater

Kog risene i vandet med halvdelen af saltet som anvist. Hold dig varm. Hæld olien i en 1,75 liter/3 pt/7½ kop skål. Varm, utildækket, på fuld i 1 minut. Rør løg og peber i. Kog uden låg på fuld i 5 minutter under omrøring to gange. Bland tomaterne i. Varm, utildækket, på fuld i 3½ minut. Fordel de varme ris med det resterende salt og server med det samme.

Almindelig tyrkisk pilaf

Serverer 4

225 g/8 oz/1 kop let-tilberedte risotto ris
Kogende vand eller grøntsagsfond
5 ml/1 tsk salt
40 g/1½ oz/3 spsk smør

Kog risene i det kogende vand eller bouillon med saltet tilsat som anvist. Tilsæt smørret i fadet eller skålen. Lad stå i 10 minutter. Afdæk og gaffel rundt. Dæk med en tallerken og genopvarm på fuld i 3 minutter.

Rig tyrkisk pilaf

Serverer 4

225 g/8 oz/1 kop let-tilberedte risotto ris
Kogende vand
5 ml/1 tsk salt
5 cm/2 i stykke kanelstang
40 g/1½ oz/3 spsk smør
15 ml/1 spsk olivenolie
2 løg, finthakket
60 ml/4 spsk ristede pinjekerner
25 g/1 oz lamme- eller kyllingelever, skåret i små stykker
30 ml/2 spsk ribs eller rosiner
2 tomater, blancheret, flået og hakket

Kog risene i vandet og saltet i et stort fad eller skål efter anvisning med kanelstangen tilsat. Sæt til side. Kom smør og olie i en 1,25 liters/2¼ pt/5½ kop skål og opvarm uden låg på fuld i 1 minut. Bland alle de resterende ingredienser i. Dæk med en tallerken og kog på fuld i 5 minutter, omrør to gange. Rør forsigtigt i de varme ris med en gaffel. Dæk som før og opvarm igen på fuld i 2 minutter.

Thai ris med citrongræs, limeblade og kokosnød

Serverer 4

Et vidunder af udsøgt delikatesse, velegnet til alle thailandske kyllinge- og fiskeretter.

250 g/9 oz/generøse 1 kop thailandske ris

400 ml/14 fl oz/1¾ kopper kokosmælk på dåse

2 friske limeblade

1 blad citrongræs, delt på langs, eller 15 ml/1 spsk hakkede citronmelisseblade

7,5 ml/1½ tsk salt

Hæld risene i et fad på 1,5 liter/2½ pt/6 kop. Hæld kokosmælken i en målekande og fyld op til 600 ml/1 pt/2½ kopper med koldt vand. Opvarm, uden låg, på fuld i 7 minutter, indtil det begynder at boble og koge. Rør forsigtigt i risene med alle de resterende ingredienser. Dæk med husholdningsfilm (plastikfolie) og skær den to gange for at lade damp slippe ud. Kog på fuld i 14 minutter. Lad stå i 5 minutter. Afdæk og fjern citrongræsset, hvis det bruges. Gaffel rundt forsigtigt og spis de lidt bløde og klistrede ris med det samme.

Okra med kål

Serverer 6

En kuriosum fra Gabon, mild eller varm afhængig af mængden af chili inkluderet.

30 ml/2 spsk jordnøddeolie (peanut).
450 g/1 lb savoykål eller forårsgrønt (collard greens), fintrevet
200 g/7 oz okra (dame fingre), toppet, hale og skåret i stykker
1 løg, revet
300 ml/½ pt/1¼ kopper kogende vand
10 ml/2 tsk salt
45 ml/3 spsk pinjekerner, let ristet under grillen (slagtekyllinger)
2,5-20 ml/¼-4 tsk chilipulver

Hæld olien i en 2,25 liters/4 pt/10 kop ildfast fad (hollandsk ovn). Rør grønt og okra i efterfulgt af de resterende ingredienser. Bland godt. Dæk med husholdningsfilm (plastikfolie) og skær den to gange for at lade damp slippe ud. Kog på fuld i 7 minutter. Lad stå i 5 minutter. Kog på fuld i yderligere 3 minutter. Dræn evt. og server.

Rødkål med æble

Serverer 8

Storslået med varm gammon, gås og and, rødkål er af skandinavisk og nordeuropæisk afstamning, en sød-syrlig og nu ret smart tilbehør, på sin bedste opførsel i mikroovnen, hvor den holder sig en dyb rosenrød farve.

900 g/2 lb rødkål

450 ml/¾ pt/2 kopper kogende vand

7,5 ml/1½ tsk salt

3 løg, finthakket

3 kogte (tærte) æbler, skrællet og revet

30 ml/2 spsk let blødt brun farin

2,5 ml/½ tsk kommenfrø

30 ml/2 spsk majsmel (majsstivelse)

45 ml/3 spsk malteddike

15 ml/1 spsk koldt vand

Trim kålen, fjern eventuelle forslåede eller beskadigede ydre blade. Skær i kvarte og fjern den hårde centrale stilk, og riv derefter så fint som muligt. Kom i et fad på 2,25 liter/4 pt/10 kop. Tilsæt halvdelen af det kogende vand og 5 ml/1 tsk af saltet. Dæk med en tallerken og kog på fuld i 10 minutter, vend retten fire gange. Rør godt rundt, og bland derefter det resterende kogende vand og resterende salt, løg, æbler, sukker og kommenfrø i. Dæk med husholdningsfilm (plastikfolie) og skær den to gange for at lade damp slippe ud. Kog på fuld i 20 minutter, vend retten fire gange. Fjern fra mikrobølgeovnen. Bland majsmelet glat med eddike og koldt vand. Tilsæt den varme kål og bland godt. Kog uden låg på fuld i 10 minutter under omrøring tre gange. Lad det være koldt, inden det afkøles natten over. At tjene, Dæk igen med frisk husholdningsfilm og skær den to gange for at lade damp slippe ud, og varm den derefter på fuld i 5-6 minutter før servering. Alternativt kan du overføre portioner til sideplader og dække hver med køkkenpapir og derefter genopvarme individuelt på fuld i 1 minut hver.

Rødkål med vin

Serverer 8

Forbered som til rødkål med æbler, men udskift halvdelen af det kogende vand med 250 ml/8 fl oz/1 kop rødvin.

Norsk surkål

Serverer 8

900 g/2 lb hvidkål
90 ml/6 spsk vand
60 ml/4 spsk malteddike
60 ml/4 spsk perlesukker
10 ml/2 tsk kommenfrø
7,5-10 ml/1½-2 tsk salt

Trim kålen, fjern eventuelle forslåede eller beskadigede ydre blade. Skær i kvarte og fjern den hårde centrale stilk, og riv derefter så fint som muligt. Kom i et fad på 2,25 liter/4 pt/10 kop med alle de resterende ingredienser. Bland grundigt med to skeer. Dæk med husholdningsfilm (plastikfolie) og skær den to gange for at lade damp slippe ud. Kog ved optøning i 45 minutter, vend retten fire gange. Lad stå ved køkkentemperatur natten over, så smagene modnes. For at servere, læg individuelle portioner på sidetallerkener og dæk hver med køkkenpapir. Genopvarm individuelt på fuld, hvilket giver cirka 1 minut hver. Dæk forsigtigt til og stil derefter eventuelle rester på køl.

Stuvet okra i græsk stil med tomater

Serverer 6-8

Meget marginalt østlig karakter er denne lidt off-beat grøntsagsret blevet et levedygtigt forslag nu, hvor okra (damefingre) er mere udbredt tilgængelig. Denne opskrift er fremragende til lam eller som en ret i sig selv, serveret med ris.

900 g/2 lb okra, toppet og hale
Salt og friskkværnet sort peber
90 ml/6 spsk malteddike
45 ml/3 spsk olivenolie
2 løg, pillet og finthakket
6 tomater, blancherede, flåede og groft hakkede
15 ml/1 spsk let blødt farin

Fordel okraen på en stor flad tallerken. Drys med salt og eddike for at mindske risikoen for, at okraen flækker og får en slimet fornemmelse. Lad stå i 30 minutter. Vask og tør af på køkkenpapir. Hæld olien i et fad på 2,5 liter/4½ pt/11 kop og tilsæt løgene. Kog uden låg på fuld i 7 minutter under omrøring tre gange. Rør alle de resterende ingredienser i, inklusive okraen, og smag til. Dæk med en tallerken og kog på fuld i 9-10 minutter under omrøring tre eller fire gange, indtil okraen er mør. Lad stå i 3 minutter før servering.

Grønt med tomater, løg og jordnøddesmør

Serverer 4-6

Prøv denne Malawi-specialitet med skiveskåret hvidt brød som vegetarisk hovedret eller server som tilbehør til kylling.

450 g/1 lb spring greens (collard greens), fintrevet

150 ml/¼ pt/2/3 kop kogende vand

5–7,5 ml/1–1½ tsk salt

4 tomater, blancheret, flået og skåret i skiver

1 stort løg, finthakket

60 ml/4 spsk knasende peanutbutter

Læg grøntsagerne i et fad på 2,25 liter/4 pt/10 kop. Bland vand og salt i. Dæk med husholdningsfilm (plastikfolie) og skær den to gange for at lade damp slippe ud. Kog på fuld i 20 minutter. Afdæk og rør tomater, løg og jordnøddesmør i. Dæk som før og kog på fuld i 5 minutter.

Sød-syrlig flødebede

Serverer 4

Denne attraktive måde at præsentere rødbeder på går tilbage til 1890, men den er i øjeblikket tilbage på mode.

450 g/1 lb kogte rødbeder (rødbeder), groft revet

150 ml/¼ pt/2/3 kop dobbelt (tung) creme

Salt

15 ml/1 spsk eddike

30 ml/2 spsk demerara sukker

Kom rødbederne i et 900 ml/1½ pt/3¾ kop fad med fløde og salt efter smag. Dæk med en tallerken og varm igennem på fuld i 3 minutter under omrøring én gang. Rør eddike og sukker i og server med det samme.

Rødbeder i Orange

Serverer 4-6

Et livligt og originalt tilbehør til julekød og fjerkræ.

450 g/1 lb kogte rødbeder (rødbeder), skrællet og skåret i skiver

75 ml/5 spsk friskpresset appelsinjuice

15 ml/1 spsk malteddike

2,5 ml/½ tsk salt

1 fed hvidløg, pillet og knust

Læg rødbederne i et lavt fad på 18 cm/7 i diameter. Pisk de resterende ingredienser sammen og hæld rødbederne over. Dæk med husholdningsfilm (plastikfolie) og skær den to gange for at lade damp slippe ud. Kog på fuld i 6 minutter, vend retten tre gange. Lad stå i 1 minut.

Skallet knoldselleri

Serverer 6

En smuk vinterret i gourmetstil, der passer til fisk og fjerkræ.

4 magre udskæringer (skiver) bacon, hakket

900 g/2 lb knoldselleri (sellerirod)

300 ml/½ pt/1¼ kopper koldt vand

15 ml/1 spsk citronsaft

7,5 ml/1½ tsk salt

300 ml/½ pt/1¼ kopper enkelt (let) creme

1 lille pose kartoffelchips (chips), knust i posen

Kom baconen på en tallerken og dæk med køkkenpapir. Kog på fuld i 3 minutter. Skræl knoldsellerien tykt, vask godt og skær hvert hoved i otte stykker. Anbring i et 2,25 liter/4 pt/10 kop fad med vand, citronsaft og salt. Dæk med husholdningsfilm (plastikfolie) og skær den to gange for at lade damp slippe ud. Kog på fuld i 20 minutter, vend retten fire gange. Dræne. Skær knoldsellerien i skiver og kom tilbage til fadet. Rør bacon og fløde i og drys med crisps. Kog uden låg på fuld i 4 minutter, vend retten to gange. Lad stå i 5 minutter før servering.

Knoldselleri med orange hollandaise sauce

Serverer 6

Knoldselleri med en herligt gylden, skinnende topping af citrus-Hollandaise-sauce til at prøve med and og vildt.

900 g/2 lb knoldselleri (sellerirod)

300 ml/½ pt/1¼ kopper koldt vand

15 ml/1 spsk citronsaft
7,5 ml/1½ tsk salt
maltesisk sauce
1 meget sød appelsin, skrællet og segmenteret

Skræl knoldsellerien tykt, vask godt og skær hvert hoved i otte stykker. Anbring i et 2,25 liter/4 pt/10 kop fad med vand, citronsaft og salt. Dæk med husholdningsfilm (plastikfolie) og skær den to gange for at lade damp slippe ud. Kog på fuld i 20 minutter, vend retten fire gange. Dræne. Skær knoldsellerien i skiver og kom tilbage til fadet. Hold dig varm. Lav den maltesiske sauce og hæld knoldsellerien over. Pynt med appelsinstykkerne.

www.ingramcontent.com/pod-product-compliance
Lightning Source LLC
Chambersburg PA
CBHW050350120526
44590CB00015B/1632